# 現代の家庭教育

田中理絵

現代の家庭教育（'18）

©2018　田中理絵

装丁・ブックデザイン：畑中　猛

s-52

# まえがき

　この科目は，現代日本の家庭教育がどのような社会的・文化的・経済的変化や文脈のなかで形成されてきたのかについて，そして家族を取り巻く環境や状況はどのようになっているのか，その諸課題は何かについて分析・考察していくものです。

　「家庭教育」という用語の意味する内容や使われ方は時代によって異なりますが，本講義では，家庭教育を「家庭でなされる，養育者と子どもの間の相互作用であり，子どもの社会化である」と広い意味でとらえます。つまり，親が教育的意図を持つものに限らず，子どもが親とのやりとりを通してさまざまな知識・価値観・行動様式・ことばの使い方や考え方等を習得することも家庭教育の作用であると考えるのです。

　私たちは自分が生まれたときから家族を経験していますから，自分たちが日常生活の中で行っている（あるいは子どものときに受けた）家庭教育が「子どもの社会化」という社会の維持・再生産にとって必要不可欠な機能であることを意識することはあまりありません。また，地域社会の結びつきが弱まり，核家族化している現代社会では，多くの人が自分自身の家族生活・家庭教育しか経験していませんから，家族という制度が社会変動に伴って如何に急激に変化してきたのかを知る機会も少ないでしょう。

　この講義では，子どもの発達において親（養育者）や家族集団がどのような役割を担うのか，あるいは「親になる」とはどういうことなのかを学び，家庭教育における父親の役割の変化，「子育てと仕事」の両立，ワーク・ライフ・バランス，育児不安，児童虐待，非行の問題などさまざまなテーマから現代の家庭教育の諸課題について浮かび上がらせ

ていきます。こうしたテーマを通して，家庭教育は歴史的には不変ではなく社会的・文化的文脈のなかでとらえるべきものであること，家庭の中でなされる子育て（子どもの社会化）が社会秩序の維持・再生産において重要な役割を持つことを知り，社会全体のなかで家庭教育のあり方や諸課題への取り組み方を再考する助けとなることを目指しました。

　その意味で，いま子育てに悩んでいる親御さんに対して，すぐに解決策を提示できるものではありません。しかしこの講義を機に，子育て・家庭教育を相対化させ，広く子どもの発達や家族問題へも関心を広げ，理解を深めていただければと願っております。

2017年11月<br>
田中理絵

# 目次

まえがき　　田中理絵　　3

## 1　家庭教育と家族の変容　　｜ 田中理絵　　9
1. 家庭教育と子どもの社会化　　9
2. 家族の変容　　13
3. 育児文化の変化　　19

## 2　家族集団と子どもの社会化　　｜ 田中理絵　　24
1. 乳幼児の社会化―アタッチメントの形成―　　24
2. 第一次集団としての家族　　27
3. 家族における子どもの社会化過程　　28
4. 子どもの社会化における家族の影響　　32

## 3　育児観と子ども観の変容　　｜ 天童睦子　　37
1. 子育ての社会史　　37
2. 家族と子ども観の変容　　42
3. 高度経済成長期以降の家族と子育て　　46

## 4　親になる過程　　｜ 天童睦子　　53
　―親役割の取得
1. 子どもの社会化と親になること　　53
2. 女性のライフコースと子どもの意味の変容　　57
3. 妊娠・出産情報誌にみる「母になること」の意味と変容　　61
4. 親役割の取得と親アイデンティティ　　65

## 5 育児不安　　　　　　　　　　　田中理絵　71
1. 育児不安の登場　71
2. 育児不安のタイプ　75
3. 夫婦関係と育児不安　76
4. 地域社会と育児不安　80

## 6 父親の育児参加　　　　　　　　天童睦子　86
1. 父親の育児参加と「父親」像の変容　86
2. ケアラーとしての父親　90
3. 「父親の育児参加」言説と「教育する父親」94
4. ペアレントクラシー時代の育児戦略　97
5. ジェンダー平等と子育て支援の課題　100

## 7 ワーク・ライフ・バランスと家庭教育
　　　　　　　　　　　　　　　　東野充成　104
1. ワーク・ライフ・バランスの現在　104
2. ワーク・ライフ・バランスをめぐる課題　108
3. 子育てしやすい社会に向けて　114

## 8 家庭教育支援と地域社会　　　田中理絵　117
1. 子育て家族の孤立　117
2. 切れ目のない支援とアウトリーチの要請　122
3. 家庭への介入に関する注意　127

## 9 現代の保育ニーズと保育政策　東野充成　132
1. 保育ニーズの現状　132
2. 保育政策の現状と課題　137
3. 保育政策の原点　141

## 10 しつけの混乱 　　　　　　　　　　　　｜ 天童睦子　145
### ―親の不安と戸惑い

1. しつけとはなにか　145
2. 家庭でのしつけ　151
3. 子育てしやすい社会に向けて　156

## 11 ひとり親家庭の現在と支援のあり方
　　　　　　　　　　　　　　　　　　　　　｜ 東野充成　162

1. ひとり親家庭の現在　162
2. 児童扶養手当と母子家庭　165
3. ひとり親家庭とワークフェア　171

## 12 児童虐待はいかに語られるか　｜ 遠藤 野ゆり　175
### ―虐待発生のメカニズム

1. 虐待が「語られる」とはどういうことか　175
2. 社会は虐待をいかに語るか　176
3. 保護者は虐待をいかに語るか　183
4. 私たちは虐待をいかに語るか　191

## 13 虐待された子どもたちのその後　｜ 遠藤 野ゆり　195
### ―他者と共に生きる「自立」に向けて

1. 虐待された子どもたちはどこにいくのか　195
2. 虐待が及ぼす影響　197
3. 施設で暮らすことの意義と困難　202
4. 施設での生活で学ぶもの
　―家庭教育において培われるもの　209

## 14 親子関係と子どもの問題行動
　　　　　　　　　　　　　　　　　　　　| 田中理絵　213
1. 親子関係と子どもの自我形成　213
2. 親子関係と少年非行　216
3. 親子関係と子どもの問題行動抑制　219

## 15 現代の家庭教育の課題　　　| 田中理絵　225
1. 家族の変容と子どもの社会化　225
2. 個人化と家族の危機　228
3. 家庭教育をめぐる課題
　―社会的ネットワークの重要性―　231

付表 1　1990年以降の少子化・子育て支援関連施策　238
　　 2　児童虐待防止対策　239

主要参考文献　240

〈放送教材特別ゲスト〉
住田正樹先生のワンポイント・レッスン　244

索引　247

# 1 | 家庭教育と家族の変容

田中理絵

《目標&ポイント》 人間発達にとって，家族は最も基礎的かつ重要な社会化集団である。そこでなされる養育者から子どもへの働きかけ，すなわち家庭教育は，しかし家庭の中でのみ考えることはできない。家族は社会の下位集団であることから，政治・文化・経済などの変容の影響を受けるのであり，そのなかでなされる家庭教育もまた社会変動の影響を受けることになる。本章では，家族構造・家族意識の変化，育児文化の変容について考えることを通して，家庭教育を考えていく視座を押さえていこう。
《キーワード》 家庭教育，社会化，家族構造・家族意識の変化，育児文化

## 1. 家庭教育と子どもの社会化

「家庭教育とは何か」「良い家庭教育のあり方とは何か」について，近年，子どもの発達に関わる多くの領域において問い直されている。しかし，家庭教育を真空状態で考えることはできない。本書でいう「家庭教育」とは，家庭のなかで，親や養育者から子どもに向けてなされる諸々の意図的・無意図的働きかけのことである。意図的働きかけというのはしつけや家庭での学習などであり，無意図的働きかけとは，必ずしも親が教えよう，伝えようと考えているわけではないけれども（それゆえ，親が教えたくないことも含めて），子どもが受け取る知識，感情，態度，行動様式，言葉，価値観等を指す。いずれにしても，子どもは大人からの働きかけを受けることで，言葉・表情・感情・態度・基本的生活

習慣・善悪の判断・知識・技能・価値・道徳・倫理・行動様式といった文化を獲得して，社会の一員となっていく。これを「社会化」socializationという。

　子どもの身体や器官の大きさが増大すること―身長が伸びる，体重が増加する等―を成長growthというのに対して，発達developmentとは，主に言語面，思考面，人格面での機能向上を指し，発育はその双方を含む用語として使われる傾向が見られる。人間発達の最も基礎となる社会化を「初期的社会化」とか「第一次社会化」というが，これは子どもの誕生時から始まり，一般に家庭で行われる社会化を指す。言い換えると，家庭内で主な養育者（親）から子どもに対してなされる人間形成の最も基礎となる社会化が家庭教育である。親は，子どもの誕生時からわが子に向けて話しかけ，表情をつくり，子どもの感じているであろう快・不快や感情を（乳児はまだそれを表現できないので）先取りして世話をしてやり，子どもから見つめ返されたり反応があることに喜びを感じる。互いに見つめ合う＝認め合うことが，親子関係の最初の相互作用であり，次第に，子どもは親の振る舞いや態度・言葉を真似る能力を発達させ，親は子どもの行為や態度に意味づけや価値づけをしたり，子どもに指示・命令するなどして，親子間には多くの相互作用が繰り返される。これら家庭のなかで日々営まれるやり取りが社会化の過程なのである。

　教育社会学者のハヴィガースト（Havighurst, R.J.）は，人間が各発達段階で達成しなければならない課題を「発達課題」とよび，これを達成させていくことが社会的発達なのであるとした。たとえば基礎的な発達課題として，①歩行の学習，②固形の食物をとることの学習，③話すことの学習，④排泄の仕方を学ぶこと，⑤性の相違を知り，性に対する慎みを学ぶこと，⑥生理的安定を得ること，⑦社会や事物についての単

純な概念を形成すること，⑧両親やきょうだいや他人と情緒的に結びつくこと，⑨善悪を区別することの学習と良心を発達させること，という9項目をあげた（表1-1）。こうした発達課題が社会化の内容であり，親は子どもを叱ったり褒めたりしながら基礎的な社会化を習得させ，社会的人間として育てていく。そして，これが家庭教育といわれるものである。

　いったい家庭教育は子どもが何歳になるまで続くのかについては，社会が子どもの養育期間・教育期間をどのくらいもつゆとりがあるのかによって，あるいは子どもの社会化エージェントがどの程度用意されているかなどの要因によって左右されるため，決まってはいない。社会化エージェントとは社会化機関とも言い，社会化を行う集団・機関のことである。しつけを行うのは家族なので，子どもにとって家族集団は社会化エージェントとなる。家族集団の他に，近隣集団，仲間集団，学校集団，職業集団など，人間の成長・発達につれて影響力をもつ集団は移っていくが，これを準拠集団と呼ぶ。

　ところで，子どもが受ける教育というものに，家庭教育と並んで学校教育がある。この2つを比較することで，家庭教育の特徴をより明らかにしてみよう。学校教育には，明確な教育目標・体系的な教育課程（カリキュラム）があり，教育者から被教育者・学習者に向けて意図的な教育・働きかけがなされ，1年間の教育実践が評価される。しかし，家庭教育ではそうしたものは意識されにくい。親が子どもに対して，「今年1年間のあなたの家庭での評価はこれね。ところで，養育者としての私たち親の成績はどう？」などと，子どもに尋ねることはない。年度の区切りもないし，養育者と被養育者（つまり，親子）の組み合わせが変わることもない。だから，自分たち親・養育者が，日々子どもに対して行っている働きかけや声かけが家庭教育と呼ばれる教育活動の一つであ

**表1-1 ハヴィガーストの発達課題（幼児期〜青年期）**

| 幼児期<br>（誕生〜ほぼ6歳） | ①歩行の学習<br>②固形の食物をとることの学習<br>③話すことの学習<br>④排泄の仕方を学ぶこと<br>⑤性の相違を知り，性に対する慎みを学ぶこと<br>⑥生理的安定を得ること<br>⑦社会や事物についての単純な概念を形成すること<br>⑧両親やきょうだいや他人と情緒的に結びつくこと<br>⑨善悪を区別することの学習と良心を発達させること |
|---|---|
| 児童期<br>（ほぼ6歳〜12歳） | ①普通の遊戯に必要な身体的技能の学習<br>②成長する生活体としての自己に対する健全な態度を養うこと<br>③友だちと仲良くすること<br>④男子として，また女子としての社会的役割を学ぶこと<br>⑤読み・書き・計算の基礎的能力を発達させること<br>⑥日常生活に必要な概念を発達させること<br>⑦良心・道徳性・価値判断の尺度を発達させること<br>⑧人格の独立性を達成すること<br>⑨社会の諸機関や諸集団に対する社会的態度を発達させること |
| 青年期<br>（12歳〜18歳） | ①同年齢の男女との洗練された新しい交際を学ぶこと<br>②男性として，また女性としての社会的役割を学ぶこと<br>③自分の身体の構造を理解し，身体を有効に使うこと<br>④両親や他の大人から情緒的に独立すること<br>⑤経済的な独立について自信を持つこと<br>⑥職業を選択し，準備すること<br>⑦結婚と家庭生活の準備をすること<br>⑧市民として必要な知識と態度を発達させること<br>⑨社会的に責任のある行動を求め，そしてそれを成し遂げること<br>⑩行動の指針としての価値や倫理の体系を学ぶこと |

Havighurst, R.J.1953（訳書1995）より，住田（2012）が作成したものを転記。なお，壮年期（18歳〜30歳くらい），中年期（約30歳〜55歳くらい），老年期（55歳以降）は省略されている。

ることを意識する機会はあまりないわけである。ただし，子どもが社会の一員として成長していくために最も重要な役割を果たすのは家族であり，親や養育者であることは多くの人びとが認識している。だから人間発達において，家庭教育が重要であることは常識となっている。

家族のメンバーは，社会で働き，学校に通い，地域での活動をこなし，それぞれ社会のメンバーとしての役割を果たし，生活している。家族のメンバーであると同時に社会のメンバーでもあるから，それゆえに，社会と家族は互いに影響し合う。社会の景気が良ければ家族の生活も向上するし，居住地域の治安の善し悪しで家族の過ごし方も変わってくる。宗教や伝統的生活を重んじる地域なのか，あるいは個々の自由や匿名性を重んじる地域なのかで地域生活が異なり，それぞれの地域性は家庭内でなされる教育・しつけの方法にも影響を及ぼす。このように，文化・経済・社会・政治の影響を受けながら家族は存在するのである。だから，家族のなかでなされる家庭教育もまた，文化・経済・社会・政治の影響を大きく受けることになる。そこで，現代の家庭教育について考えていくためには，家族を取り巻く社会変動のなかで考えていく必要がある。

## 2. 家族の変容

### (1) 家族の小規模化，核家族化

さてここからは，戦後日本の家族構造の変動を見ていくこととしよう。家族規模に大きな変化が見られたのは，1955年から1975年にかけてである。一世帯当たりの人員数は約5人（1955年）から3.5人（1975年）へと減少した。この時期，日本の家族の特徴として「核家族化」があげられるようになる。核家族の割合は，1920年で54％であっ

たのが，1955年では60.6 %，1980年は60.3 %と，以後，現在まで約6割を占める傾向が続いている（内閣府 2006）。この数値から，核家族化が進んだことと，日本では戦前でも核家族の割合が高かったことがわかるだろう。女性が生涯で産む子ども数（完結出生児数）が約5人であっても家を継ぐのは1人であり，三世代家族で暮らせるのは5人中2人であったから，残りは親元を離れて夫婦と子どもからなる核家族で過ごしていたのである。だから，一般にイメージされているほど，昔の子どもたちが祖父母世代と三世代同居していたわけではない。しかし家の近所に親族が多くいたし，隣家・地域とのつきあいも密であったので，地縁・血縁ネットワークは多くもっていた。その意味で，戦後の産業化・都市化によって増加した核家族は性質が異なる。

　ところで，家族規模の変化は家族意識の変容にも影響する。1960年代から始まる高度経済成長期には，多くの若年層が都市部・工場地帯へ流入し，そこで出会った若者同士で結婚し，両親と子ども2～3人という核家族モデルが定着した。恋愛結婚が見合い結婚を上回ったのは，ちょうどこの時期である（図1-1）。

　この時期に形成された家族の特徴の一つは，「夫は外で働き，妻は家庭で家事・育児」という性別役割分業モデルをベースとしていた点であった。夫が外で働き稼いでくるからこそ妻は家を守ることができたのであり，妻が家を守っているから夫は外で存分に働くことができたのである。目黒は，「効率的な経済発展を国家目標とする状況に適合する家族における夫婦の平等は，夫＝稼ぎ手，妻＝主婦という性別分業をベースとするもので，産業の担い手としての企業中心の仕組みの中で，女性は家族の中に囲い込まれた」（目黒 1999 p. 3）と，性別分業型家族の特徴を指摘する。しかし一見，効率的な相互補完的家族は，夫婦のどちらか一方が病気になったり，あるいは離婚・死別によって，ひとり親にな

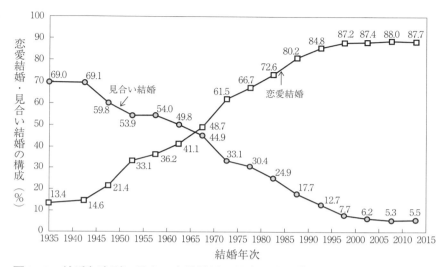

図1-1　結婚年次別に見た，恋愛結婚・見合い結婚構成の推移
出典：国立社会保障・人口問題研究所（2015）『第15回出生動向基本調査』

ると途端に困るという脆弱性を内包していた。女性の経済的自立が難しい時代に，「家族の中に囲い込まれた」のでは離婚を選びにくい。ところが，女性が学歴をつけて選べる仕事の幅が広がるにつれ，また社会の景気が悪くなって夫の収入だけでは生活が苦しくなると，家庭内の性別役割分業に対する賛成の割合は減少してくる（図1-2）。

　女性の高学歴化・社会進出が進むとともに，平均初婚年齢と平均出生時年齢も上昇した。1950年，女性の平均初婚年齢は23歳，男性は25.9歳であったが，1980年には女性は25.2歳，男性は27.8歳，2016年には女性は29.4歳，男性は31.1歳まで上昇している。それにつれて，第1子出生時の母親年齢も，1950年で24.4歳だったのが1980年には26.4歳，2000年に28.0歳，2016年で30.7歳と上がった（厚生労働省 2016）。これが「晩婚化」「晩産化」といわれる現象である。日本では，結婚と出

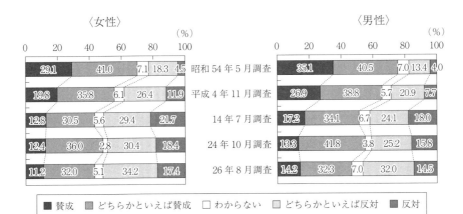

(備考) 内閣府「婦人に関する世論調査」(昭和 54 年), 「男女平等に関する世論調査」(平成 4 年), 「男女共同参画社会に関する世論調査」(平成 14 年, 24 年) 及び「女性の活躍推進に関する世論調査」(平成 26 年) より作成.

**図1-2 「夫は外で働き,妻は家庭を守るべきである」という考え方に関する意識の変化**

出典：内閣府『平成28年版 男女共同参画白書』

産行動をセットとする規範が根強く残っているので, 晩婚化は晩産化をもたらす.

　さらに, 晩産化社会では, 子育てに掛かる体力面の心配や, 子どもが大学進学する, つまり, 教育費が最も掛かる時の夫婦の年齢を考えても, あまり高齢で子どもを産むのは嫌だという理由もあって, 完結出生児数は低下し続ける. 女性が生涯で産む子ども数は, 戦後には3.5〜3.6人だったのが, 1972年で2.20人まで低下し, その後は2002年の2.23人まで30年間にわたって安定的に推移していたものの, 2005年で2.09人に低下し, さらに2010年では1.96人と, はじめて2人を下回った (表1-2). これが「少子化」と呼ばれる現象であり, 晩産化と少子化は日本ではリンクする.

表1-2 完結出生児数（結婚継続期間15-19年）

| 調査年次 | 完結出生児数 |
| --- | --- |
| 1940年 | 4.27人 |
| 1952年 | 3.50 |
| 1957年 | 3.60 |
| 1962年 | 2.83 |
| 1972年 | 2.20 |
| 1982年 | 2.23 |
| 1992年 | 2.21 |
| 2002年 | 2.23 |
| 2005年 | 2.09 |
| 2010年 | 1.96 |
| 2015年 | 1.94 |

出典：国立社会保障・人口問題研究所『第15回出生動向基本調査』(2015)

## （2）家族意識の変化―結婚・女性の就業―

　小規模化・少子化といった家族構造の変化は，家族意識の変化と互いに影響を及ぼしあいながら生じたものであり，こうした変化は結婚・離婚に対する考え方の変化にもみられる。図1-3は，結婚に対する考え方の変化を表したものであるが，「人間は結婚してはじめて一人前になる」（1984年），「人は結婚するのが当たり前だ」(1993-2008年）という考え方は減少し続け（1984年61.9％→2008年35.0％），一方で「必ずしも結婚する必要はない」と考える人の割合は，1984年の34.3％から2008年には60％近い数値まで上昇している[注1]。結婚観が変化してきたことは，家意識の変化にもよる。統計数理研究所が行っている「日本人の国民性調査」によると，「子供がないときは，たとえ血のつながりがない他人の子供でも養子にもらって家をつがせた方がよいと思いますか」という質問に対し，「つがせた方がよい」と考えた人の割合は，

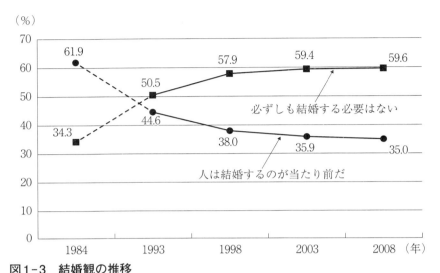

**図1-3 結婚観の推移**
出典：『平成28年版 厚生労働白書』

1953年では74％であったのが、1973年に36％、1993年に22％、2013年には20％へと減少し続けている（統計数理研究所 2015）。必ずしも、家や墓を継承する必要はないと考えるようになってきたことは、必ずしも結婚する必要はないと考える許容度を拡大したとも考えられる。

また、高度経済成長の終焉とともに、既婚女性の就労も増加してきた。ただし、既婚女性の就労が未婚女性の就労を上回った1970年代半ばの女性の就労は、「子どもができたら職業をやめ、大きくなったら再び職業をもつ方がよい」という就業中断型の考え方が主流であった。それが「子どもができても、ずっと職業を続ける方がよい」という育児と仕事の両立型が上回るのは、2000年代に入って以降のことである（図1-4）。

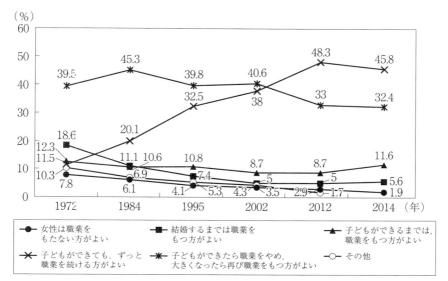

(備考)総理府「婦人に関する意識調査」(昭和47年),「婦人移管する世論調査」(昭和59年),内閣府「男女平等に関する意識調査」(平成7年),「男女共同参画社会に関する世論調査」(平成7〜24年),「女性の活躍推進に関する世論調査」(平成26年)より作成。

**図1-4 女性の就労に関する意識の変化（女性）**

## 3. 育児文化の変化

　このように，社会構造や産業の変化と家族構造・家族意識の変化はリンクしており，さらに家族と地域社会との付き合い方を変化させ，育児文化の寸断・変容をもたらした。家族，親族，地域共同体，学校，職場などへの所属・帰属意識が薄まったことは，所属することによって伝達された内容が受け継がれにくくなったことを意味する。

　出産を例に，家族と地域社会の関わり方の変化を考えてみよう。現在とは異なり，多くが自宅分娩であった1960年代までは，出産にも儀礼

が伴った。全国的にみられるのは臍の緒に関するものである。子どもが誕生すると，子どもと母親を繋いでいた臍の緒は急いで切り離される。出産直後の新生児が遺棄された事件などでは，「臍の緒がついたままの状態で発見された」といった表現が紙面でみられるが，臍の緒がついたままの状態というのは，出産の儀礼を完了させていない，つまり未だこの世に正式に迎え入れられていない赤ん坊であることを連想させる。新生児側の臍の緒は10日ほどすると乾いて取れ，その後大事に保管されるが，文化人類学者の波平（2005）は，それは本人が生死を彷徨うような病気をした際に，乾燥した臍の緒を湯にふやかして，その湯を飲ませることで生命が救われると信じられていたからだと説明する。子どもの生命に対する祈りが込められていた臍の緒の保管は，現代ではその理由を知らずに形式的に行われている家も多いと思われる。

　さらに，超音波技術の向上によって，生まれる前から胎児を確認することができるようにもなった。ひと昔前のエコー検査では，どれが頭でどれが足か，妊婦は医師から説明を受けなければわからないような不鮮明さであったが，近年は3D画像ではっきりと胎児の顔・頭・身体を確認できるようになり，出産前から子どもを「見る」ことができる。また，出産予定日に陣痛がない場合は薬で促進させることもできるなど，医師のもとで出産がコントロールされるようにもなった。ところが，自宅分娩が主流だった時代は，胎児と新生児ははっきりと分けられ，子どもには生まれてくるまで会うことはできず，妊娠の期間，母親はわが子のことを想像するしかなかったし，出産自体が母子の生命に関わる重大事であった。陣痛が起こると，産婆や女性の親族が出産を助け，臍の緒を切る役割は近所の女性が「ヒキアゲバアサン」「トリアゲバアサン」として引き受けるなどして，子どもの誕生は迎え入れられた。産湯から7日目，あるいは宮参りが行われる30日目までは，産婆が赤ん坊の身

体を洗うことが慣習となっていた地域は日本中に見られたという。産婆は出産に関わるだけの助産婦ではなく，本人が意識するしないにかかわらず，新生児の生命の成長を確実なものとする儀礼の実行者としての役割を果たしていたのである（波平 2005 p.94）。

　このほかにも，たとえば「百日の祝い」は，誕生後，百日目に子ども用の小振りなお膳を用意して，母乳から次第に食物によって生命を維持することを示す儀式であり，その膳に小石を置いて，丈夫な歯が生えることを祈念して行われていた。近年，「お食い初め」として知られるこの儀式は，筆者が聞き取りした限りでは，百日目の意味は薄れ，離乳食を取り始める半年目を目処になされることが多い。

　あるいは，日本で広く見られる言い回しに「七歳までは神の子」という言葉がある。「七歳までは神の子」の意味は，医療技術が今よりも拙かった時代には，子どもの生命は脆く，いつ神様が召し戻しても不思議ではないため親は泣いてはいけないとか，神さまの預かりものだから大事に育てろなど，いくつかの解釈がなされる。しかしいずれにしても，子どもは家族（母親）の所有物ではなく，神から人間に託されたものであって，支配できるものではないということが表現されていた（波平 2005 p.96）。七五三の祝いは現在も全国で広く見られるが，育児文化の伝達が薄まった現代においては，その意味を子どもに説明できる親も少なくなっているだろう。

　また，誕生した赤ん坊の身体を点検し，死んだおばあさんと同じ箇所に痣があるとか，耳の形が隣家の亡くなったお嫁さんと似ているからといった理由で，その生まれ変わりだと信じられ，戸籍上の名前の他に通称として亡くなった人の名前で呼ばれる地域もあった。こうした育児文化や儀礼，慣習が意味するのは，共同体のなかで赤ん坊が迎え入れられて，社会関係のなかに位置づけられて育てられてきたということで

ある。

　しかし，都市化・産業化による近代家族での生活への変化は，出産・育児文化の伝達を薄め，儀礼は形骸化し，子どもが共同体のなかで位置づけられながら成長する機会も急速に消滅させてきた。親族や地域が子育てを助けてくれる程度は大幅に減少し，育児に直接関わらなくなったことと，家族にのみ―特に母親に―子育ての責任と役割が集中してきたことは同時に起きたことである。子どもは親・家族だけの子どもであり，「うちの子どもだから」近所の人が自分の子どもを叱ると腹が立つのであり，「私の子どもだから」周囲の人間に対してわが子への気配りを要求する。よその子どもが危険な遊びをしているときに注意することを躊躇してしまうのは，他人の子どもに関わる権利が薄れてきたことの証の一つであろう。

　現代は社会変化の著しい時代である。情報化，国際化，都市化は，人・モノ・情報の伝達・移動を加速度的に進展させ，それにともない，価値観・生き方の多様化も進んできた。家族集団が社会の下位集団である以上，家族のあり方―家族構造，家族意識，家族機能―もその影響を受ける。家族と子どもの社会化の関係（家庭教育）に注目すると，それは親自身が子ども期から習得してきた社会化が，今度は親となって自分の子どもに対して行う社会化として，そのままでは通用しなくなっていることを意味する。こうした時代にあって，社会の変化が家族をどのように変容させてきたか，あるいはそのなかで家庭教育のあり方がどのような影響を受けて変化しているのかについて，次章以降，さまざまな観点からみていくこととしよう。

〉〉注
1）1984年はNHK「現代の家族調査」，1993～2008年はNHK「日本人の意識調査」より厚生労働省政策統括官評価官室作成。


**学習課題**

（1）社会の変化にともなって家族集団はどのように変化してきたのか，また，しつけの方法がどのように変化してきたのかについて調べてみよう。
（2）自分の居住地を中心に，日本各地にみられる育児文化について調べ，地域共同体と家族の関係について捉えなおしてみよう。
（3）世界の出産儀礼，育児文化について調べて，社会と子供の関係について，文化の特徴から考えてみよう。


**引用文献**

Havighurst, R.J., 1953, *Human Development and Education.*, Longmans, Green & co., (＝1995，庄司雅子訳『人間の発達課題と教育』玉川大学出版部)
厚生労働省　2016「平成28年 人口動態統計月報年計（概数）の概況」
目黒依子・渡辺秀樹編　1999『講座社会学2 家族』東京大学出版会
内閣府　2006『少子化社会白書』
中村隆・土屋隆裕・前田忠彦　2015「国民性の研究第13次全国調査―2013年全国調査」統計数理研究所調査リポートNo.116
波平恵美子　2005『からだの文化人類学―変貌する日本人の身体感』大修館書店
住田正樹編著　2012『家庭教育論』放送大学教育振興会

# 2 | 家族集団と子どもの社会化

田中理絵

《目標&ポイント》 子どもの初期的社会化における家族集団の役割は大きい。子どもは親との相互作用を通して文化を学び始め，言語を習得することで知識・技能・思考を獲得していく。家族集団における社会化のメカニズムについて，特に父親役割・母親役割についてみていくこととしよう。
《キーワード》 アタッチメント，社会化，第一次集団，手段的役割，表出的役割

## 1．乳幼児の社会化―アタッチメントの形成―

「赤ん坊というものは存在しない。」と述べたのは，精神分析学者のドナルド・ウィニコット（D.W. Winicott）である。人間の赤ん坊は未熟な状態で生まれるため，最初の数ヶ月は独力ではほとんど何もできず，生きるためには周囲の人びとの世話と，ほどよく安定した環境が必要である。しかし，そうした他者や環境との関係のなかで，情緒的，心理的，社会的な存在へと発達できるのである。たとえ，潜在能力や資質が同じ子どもがいたとしても，それを伸ばしてくれる人との出会いや発揮できる環境・チャンスが違えば，彼／彼女の発達は大きく異なるだろう。誰と出会い，誰に世話を受け，どのような環境で生活できるかということは，子どもの社会化において無視できない因子である。そして，通常，初期的社会化がなされるのは家庭であるから，子どもの発達において親の性格や生活環境，経済状況などは重要な問題となる[注1]。

また、ウィニコットは「赤ん坊はお母さんを見つめるとき、2つのものを見ている。お母さんの瞳と、自分を見つめるお母さんとを」とも述べている。母親の瞳から、愛されている自分、あるいは疎まれている自分、関心を向けられている自分を敏感に察知し、乳児は母親との関係のなかで自己像を発達させていく。こうした相手の感じている世界を察知することを「間主観性」といい、乳児は特定の大人との親密な関係を築くことで、自我の基礎となる基本的感情を獲得していくのである。

　養育者―多くの場合、母親―は、赤ん坊が泣けば授乳し、おむつを交換し、抱っこやおんぶをして泣き止むまであやしたり、声を掛け、歌を歌うなどして安心させようと働きかける。赤ん坊が一向に泣き止まないときなどは、同じようにギャアと泣き声を真似して共感的理解を見せる。一方、赤ん坊もまったく受動的な存在であるわけではない[注2]。母親の表情や声のトーン、身体の緊張などを識別し、母親の心に不安や自分への敵意があると波長が合わずに不快な状態におかれる。反対に、目の合わせ方、抱っこの仕方やタイミング、揺らし方などが自分のテンポと合うと安心しきってリラックスできる。

　児童精神分析学者のジョン・ボウルビィ（Bowlby, J.）は、こうした母子間の心理的結びつきである情緒的絆は、子どもの誕生と同時にできるわけではなく、時間をかけて一貫した養育と親密性のなかで築かれることを指摘し、これを「愛着」（アタッチメント）と呼んだ。ボウルビィは、子どもは危機的状況に直面して、あるいは潜在的な危機状況に備えて、特定の対象との近接関係を維持することを通して自分の安全を確保しようとするのだと考えた。子どもは恐れや不安といったネガティブな状態におかれると、他者にくっつくことでそれを低減・調整しようとするが、こうした行動制御システムを愛着（アタッチメント）という用語で説明したのである。

アタッチメントについては，メアリー・エインズワース（Ainsworth, M.D.S. 1978）らのストレンジ・シチュエーション法による類型が有名である。これは，乳児が馴染みのない人を見ていかに怖がるのか，そのときにどのようにアタッチメント対象を求めるかという実験であるが，赤ん坊によって反応が異なる。安定した愛着のタイプである【安定型】では，母親が見えなくなると泣くが，戻ってくると喜び積極的に身体接触を求め，落ち着くのも早かった。対して，不安定な愛着として【回避型】と【アンビヴァレント型】がある。【回避型】の乳児は母親が部屋を出ても，安定型の乳児と同じように生理的にはストレス反応がみられるにもかかわらず，気付かないかのようにして，再会時に喜んで迎え入れる様子にも乏しく，避けようとしたり目をそらすこともある。【アンビヴァレント型】は，母親との分離時に非常に強い不安や混乱を示し，再会すると身体的接触を求める一方で怒りをぶつけることもあった。「当初，多くの人は，泣かない回避型の子どもが最もうまくいっていると考えたのだが，今日ではそのように考える人はほとんどいない」（Music 訳書 2016 p.64）。エインズワースは，回避型の親が子どもの苦痛にほとんど気付かないこと，アンビヴァレント型の親が一貫性のない養育をすることが，子どものアタッチメントの差の背景にあることを示唆するが，ただし子どもの気質も大きな要因になり得るので，必ずしも親の養育態度や関わり方によるものとは限らない。

　情緒的絆が築かれ，母親の働きかけに応答し，自分の愛情要求が満たされて安定し，自己の存在が大人に安心感と喜びを与えると，子どもは基本的信頼感をもつことができる。そして，こうした相互作用を繰り返すなかで，赤ん坊は意味世界に導かれるわけである。反対に，穏和な雰囲気や母性的養育（マザーリング）の量・質・一貫性が乏しいときには，子どもは情緒，知能，性格，運動機能などに欠陥が生じやすく，ボウルビィは

これをマターナル・デプリベーション（maternal deprivation）と呼んだ。

## 2. 第一次集団としての家族

　アメリカの社会学者チャールズ・クーリー（Cooly, C.H. 訳書 1970）は，人間の感情で最も基礎的なものの１つとして共感をあげたが，これは相手の感情と共感できる力の発達から，愛情，自由，正義，信頼，正直，公平，誠意，野心，憤慨といった第一次的態度を形成していくためである。だから第一次感情は，「私」から発するのではなく「私たち」の間で発することができるのであって，「われわれ感情」we-feelingが社会化の発達においては重要となる。そこでクーリーは，われわれ感情をベースとしながら，直接的・対面的接触と親密な結びつきを特徴とする集団を「第一次集団」と呼んだ。彼が考えた第一次集団は，具体的には家族集団，近隣集団，子どもの遊び仲間集団であったが，現代日本では学校集団も加えられるだろう。

　ところで，他者との相互作用といっても，すべての他者が同等に重要なわけではない。子どもの社会化にとっては，親密な結びつきがみられる他者ほど重要であり，そうした人びとの期待と評価が子どもの社会化に影響を与えるのである。こうした人びと—両親や教師，仲間など—を「重要な他者」（significant others）というが，一般に，幼少期の子どもにとって「重要な他者」は母親，あるいは母親的な人である。子どもは母親が嬉しそうにすると同じような心情になり，母親が悲しそうにしていると子どもも静かになる。クーリーは，重要な他者との相互作用を経て，子どもは意味世界を理解・共有できるようになっていくと考えた。

## 3. 家族における子どもの社会化過程

　ところで，社会の変化に伴って，子どもの社会化エージェントにおける家族の占める割合が相対的に増大してきたが，家族集団における人間発達・形成のメカニズムについて体系的に説明したのが，アメリカの社会学者であるタルコット・パーソンズ（Parsons, T.）である[注3]。家族は社会の下位集団であると同時に，家族集団そのものも一つの社会体系をなし，独自の構造と機能をもつ。パーソンズは，現代家族の主要な機能として，子どもの社会化と成人のパーソナリティの安定をあげたが，ここからは，パーソンズの理論をモデルとして，家族内での社会化のメカニズムについてみておこう。

### （1） パーソンズの社会化論

　パーソンズは，社会化はなだらかな斜面をのぼるようにではなく，危機的段階と比較的安定した平坦な道が交互に繰り返すようなプロセスであると考えた。具体的には，「口唇危機」「肛門位相」「エディプス位相」「青年期」の4つを移行の危機段階として，また「口唇依存期」「愛着期」「潜在期」「成熟期」の4つを安定段階として識別し，それらを交互に組み合わせて，①口唇危機，②口唇依存期，③肛門位相，④愛着期，⑤エディプス位相，⑥潜在期，⑦青年期，⑧成熟期の8段階に，人間発達の過程を区分したのである（図2-1）。

　社会化とは，低次元にとどまっている子どもをより高次の段階に引き上げることを意味するが，子どもは現状の楽で居心地の良い次元にとどまりたい。そこで親は，低次段階での子どもに寛大な態度で臨み［許容］，たとえ未熟であっても高次段階での規範に従った活動や態度を取ろうとするときには，それを支持してみせる［支持］。しかし，子ども

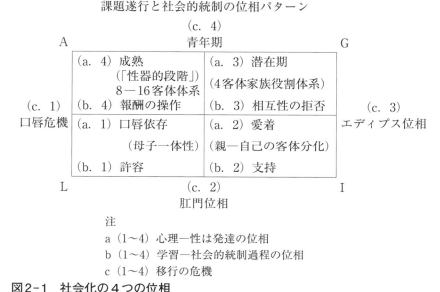

図2-1 社会化の4つの位相
出典：パーソンズ・ベールズ／橋爪貞雄他訳『家族』（黎明書房）p.69より転載

が元の低次段階に戻ろうとすると，親はそうした子どもからの相互作用を拒否しなければならない［相互性の拒否］。そして，子どもが高次段階の活動や規範を身につけたときには，親はそれを肯定し，報酬を与えるというわけである［報酬の操作］。危機的段階（①③⑤⑦）では，こうした4つの段階（［許容］→［支持］→［相互性の拒否］→［報酬の操作］）のすべてが真重に辿られるとパーソンズは考えた。以下，①〜⑧の社会化位相について，簡単に内容を見ていこう。

### （2）口唇危機から愛着期まで

　人間にとって最初の危機は誕生である。母親の胎内で臍帯から栄養を

摂取していたのが、出生によって栄養摂取の器官を口唇に移行せざるをえなくなる。そこで、この段階を「口唇危機」と呼ぶ。しかし、口唇危機はすぐに克服され、口唇を通して母親との未分化な「母子一体」（mother-child unity）の状態、つまり「口唇依存期」に入って、安定した心理状態に置かれる。

　しかし、この安楽な状態にある赤ん坊に対し、やがて母親から離乳（＝口唇分離）と排泄訓練（トイレット・トレーニング）の要求がなされる。それらは衛生と生活秩序の維持にとって不可欠なものなので、断固として要求される。これが「肛門位相」と名付けられた移行の危機であるが、しかしこの危機的状態の克服において、子どもの発達に大きな前進がみられる。というのも、排泄訓練は、①排泄統御という困難な課題を要求する他者の存在（母）とその要求を課せられる自分とを識別することで、母子一体性からの脱却を意味し、②それはまた人間の子どもが生まれて初めて達成した自立的行動であって、③離乳と排泄がうまく達成することで母親が喜ぶことを知るのであり、子どもは母親から一方的に愛情を受ける存在ではなく、母親に愛情を返すという相互作用が形成されるからである。そして、母親との愛着に基づく「愛着期」に入る。

### （3）エディプス位相から成熟期まで

　しかし、再びその安定した段階は、父親の登場を契機に破られる。子どもも3〜5歳ぐらいになると、認知的・運動的能力が拡大するので、子どもを統制するために新たな強要が必要となり、ここで強要と「権威」（authority）をもつ存在として父親が子どもの前に登場するのである。父親の登場によって、子どもは母親への全面的な愛依存の状態を放棄し、親以外の他者と関係を築き、精神的な自立を獲得するようにな

る。これが「エディプス位相」<sup>注4)</sup>と呼ばれる段階である。

　エディプス位相段階のもう一つの重要な課題は，性役割（gender role）の獲得である。核家族における典型的な父親役割は，生計を担い，家族集団の価値・規範を統括するなど，いわば手段的役割（または，道具的役割instrumental role）にある。これに対して母親の役割は，家族内における緊張緩和とか，家事・育児役割といった表出的役割（expressive role）に特徴をおく。父親の登場によって，子どもは両親がそれぞれ異なる役割を担うことを知り，無性的（sexless）存在であった子どもは，男の子は手段的役割において父親と同一化し，女の子は表出的役割において母親と同一化し，それぞれの性別に応じて「性の社会化」が進行していく。だから，パーソンズは，両親の役割類型がはっきりしていることが子どもが社会化のモデルとして同一化するうえで必要であると考えた（Parsons 訳書 1970）。

　こうして行動面・精神面で，ある程度親から自立したのち，家族の外に出て活動する「潜在期」に入る。この段階で子どもは，それまで依存していた親の権威から離れ，学校や仲間集団のなかで社会化をうけるようになり，「権威への依存」から「権威からの分離」へと移行する。言い換えると，親から得た「他律的道徳」から，仲間集団（peer group）における社会化によって「自律的道徳」へと移行する時期でもある。この過程で反抗期（period of resistance）を迎え，再び不安と精神的動揺の激しい「青年期」という第4の危機的状態に突入することになる。青年期とそれに続く「成熟期」は，家族から離れ，家族外での社会化が強力に推し進められる時期であるので，家族のなかでの社会化の主要部分は潜在期までであるといってよいだろう。

## 4．子どもの社会化における家族の影響

　家族集団における社会化のメカニズムについてみてきたが，子どもは家庭外で生活し，教育を受けるための基本的な道具を家族の相互作用過程から手に入れる。特に重要なのは，ことばの習得である（Bossard 訳書 1981 p.89）。

　基礎的な乳幼児の言語・意味世界の形成においても，親の関わり方が大きく作用する。私たちは言葉を使わずに物事を理解したり，受け止めたりすることはできない。非言語的なジェスチャーの意味も，送り手も受け手も「ことば」を思考の媒介として理解する。それゆえ，言葉の習得は重要な社会化課題である。

　しかし，ハートとリズリー（Hart & Risley 1995）は，子どもは平等に言語的社会化を受けるわけではないことを明らかにした。彼らは，親が労働者階級か専門職なのか，もしくは生活保護世帯なのかによって，4歳までに子どもが親や養育者とのやりとりのなかで子どもが聞き取る言葉の数を比較している。その結果，専門職の家庭の子どもが4,500万語の言葉を耳にしているのに対し，労働者階級の子どもは2,600万語，生活保護世帯の子どもについては1,300万語という結果であった。さらに，4歳になるまでに，専門職家庭の子どもが励ましの言葉を受けたのは66万回で，落胆させられる言葉をうけたのは約10万回であったのに対し，生活保護世帯の子どもが受けたのは10万回の励ましの言葉と，その倍以上の落胆させられる言葉であった。そう考えると，子どもはどの家庭に生まれたかによって，人生の早い段階から言語的・情緒的・知的発達の面において何らかの有利/不利が生じていることが予想される。ところが，個々の家族は他の家族内での社会化や言葉かけがどのようになされているかについて互いに知らないので，そうした差についても気

付きにくい。

　近隣社会の紐帯が強く，多くの大人の手によって子どもが育てられてきたマルティプル・ペアレンティング（multiple-parenting）の時代は，子どもは地域社会のなかには多種多様な大人がいて，さまざまな社会的役割があることを見ながら社会的発達を遂げてきた。ところが現代では，多くの子どもが，幼少期においては家族―特に親，あるいは親と祖父母―という小さな集団のなかで社会化を受ける。それゆえ，親が及ぼす社会化の影響力は，かつてよりも相対的に強まる。

　親子間での相互作用を通して，子どもは自己像を形成していくことは先述したが，それは乳幼児期のみに限られるわけではない。図2-2は，13～26歳の若者を対象とした自己肯定感と家族関係の関係に関する調査結果の一部である。「家族といるときの充実感」がある若者ほど，そして「親から愛されている（大切にされている）」と思える若者ほど，「自分への満足感」も高い。

　家族集団は，社会の下位集団である。だから女性の社会進出が増え，男女平等参画という考え方が浸透するに伴って社会における性役割観が変化すれば，それは家族集団のなかにも徐々に浸透し，子どもの社会化

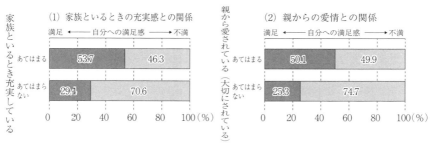

**図2-2　自己肯定感と家族関係**
出典：内閣府『平成26年版 子ども・若者白書』

に関する親の考え方にも影響を及ぼすことになる。チョドロウ（訳書1981）は，子どものパーソナリティを特徴づける社会化は，育児が女性（母親）の手でなされているから，主として母親を通して再生産されると指摘したが，そうであるならば，今後，子どもの役割観の変化—必ずしも，父親・男性が手段的役割を担い，母親・女性が表出的役割を担う必要はないという考え方の形成—へ影響を及ぼすことは容易に考えられる。

　社会の価値観が前世代のものと比べて大きな変化がない，比較的安定しているときには性役割も自明のものであり，その維持が安定した社会の再生産にとって必要であるから，親は迷うことなくしつけや子育てを行うことができた。しかし現代のように，急速に社会が変化し，人びとの生き方や価値観の多様性が認められ，家族の在り方も—家族構造，家族機能を含め—変化しているなかにあっては，親は自分が受けてきた家庭教育をまったくそのまま自分の子どもに対して行うわけにはいかない。近代家族的な比較的明瞭な男女間の性役割観が否定される傾向にある一方で，しかし実態としてはまだそうしたモデルに沿った形で子育てが行われているのは，いまが家族集団の性役割意識の変化の過渡期にあること，あるいは，家族は変化しているのに次の家族モデルが出現しない事態を表しているとも考えられる。

　時代や社会が変化すれば，その社会化の内容も変化することになるが，祖父母世代，親世代，子ども世代において共通する部分と変化している／したものが混在しているのが現状であり，従来の画一的な父親（男性）像・母親（女性）像だけでは，親役割の社会化について説明ができなくなってきている。さらに世代間の葛藤だけでなく，幼少期に習得した社会的役割が，社会変容によって期待される新しい役割観—職業上の役割，家庭における役割，女性・男性の生き方など—と矛盾するよ

うなことも考えられる。子どもの社会化のあり方は，ますます社会変容の影響をうけることも予測されるなかで，如何に家庭教育を行い，あるいは支援するかを考えることが現代の課題である。

## 》》注

1）ただしこれは，母親の重要性を指摘しているわけではない。母親が育児に自信がなければ，経験のある祖父母や育児に意欲的な父親，情報を多くもち助けとなる友人・親族などが近くにいてくれるかどうかが鍵となる。
2）乳児であっても，子どもは全く受動的存在であるわけではない。マクファーレンの実験によると，新生児のベッドの右側に母親の母乳を吹き付けたパッドを置き，左側に別の女性の母乳を吹き付けたパッドを置くと，赤ん坊は右側を向き，反対に置き直すと今度は左側を向いたという（Macfarlane 1975）。
3）パーソンズは，核家族での子どもの社会化過程について理論を導き出したが，ふたり親と固定的ジェンダー役割をモデルに採用している点，あるいは役割取得に偏っている点から批判も受けている。
4）エディプス位相とは，ギリシャ神話『オイディプス王』からとったネーミングで，近親相姦と尊属殺人の悲劇の話である。

### 学習課題

（1）社会変動とともに，父親役割と母親役割にも変化が見えている。どのような特徴を伴って変化してきたかについて考えてみよう。
（2）各種統計資料から，親が子どもに期待する性役割観を浮かび上がらせているものを探して分析してみよう。可能であれば，過去の調査結果と比較して，どのような点で性役割観の変化が生じているのか，あるいはどのような領域においては変化が見られないのかについて考察してみよう。

## 引用文献

Ainsworth, M.D.S. 1978, *Patterns of attachment*. Hillsdale, NJ：Lawrence Erlbaum Associates, Inc.

Bossard, J.H.S and Boll, E.B, 1966, *The Sociology of Child Development（4th）*, Harper & Row.（＝1971, 末吉悌次監訳『発達社会学―幼児期から青年期まで―』黎明書房）

Bowlby, John, 1984, *Attachment and Loss（2nd）*, Penguin UK.（＝1991, 黒田実郎・大羽蓁ほか訳『母子関係の理論 I 愛着行動』岩崎学術出版社）

Chodorow, Nancy, 1978, *The Reproduction of Mothering*, University of California Press.（＝1981, 大塚光子・大内菅子共訳『母親業の再生産　性差別の心理・社会的基盤』新曜社）

Cooley, C.H., 1909, *Social Organization ; a study of the larger mind*, Charles Scribner's Sons,（＝1970, 大橋幸・菊池美代志訳『社会組織論』青木書店）

Gergely, G. & Watson, J.S. 1996. The social bioeedback theory of parentalaffect-mirroring：The development of emotionalself-awareness and slf-control. *International Journal of Psycho-analysis*, 77, 1181–1212.

Hart, Betty & Risley, Todd R., 1995, *Meaningful Differences in the Everyday Experience of Young American Children*. Paul H. Brookes Publishing Co.

Macfarlane, A. 1975, Olfaction in the development of social preferences in the human neonate. *Ciba Foundation Symposium*, 33, 103–117.

Music, Graham 2011, *Nurturing Natures : Attachment and Children's Emotional, Sociocultural and Brain Development*, Psychology Press.（＝2016, 鵜飼奈津子監訳『子どものこころの発達を支えるもの』誠信書房）

内閣府　2015「平成26年版 子ども・若者白書」

Parsons, T. and Bales, R.F., 1956, *Family : Socialization and Interaction Process*, Routledge and Kegan Paul,（＝2004, 橋爪貞雄・溝口謙三・高木正太郎・武藤孝典・山村賢明訳『家族』黎明書房）

山村賢明　2008　門脇厚司・北澤毅編『社会化の理論』世織書房

# 3 │ 育児観と子ども観の変容

天童睦子

《目標&ポイント》 育児意識や育児のあり方は時代とともに変化する。親の育児・教育観，子どもの意味と価値はどう変わったか。現代の育児問題や子育ての困難を相対化するために，歴史的視点から江戸期から現代までの育児観，子ども観の変容を，社会変動とのかかわりで考える。
《キーワード》 社会化エージェント，子どもの価値，子育ての社会史，家庭教育の誕生，近代家族

## 1. 子育ての社会史

　子育ては，次世代への文化伝達の営みであり，育児意識や育児のあり方は時代とともに変化する。本章では，親の育児観，子どもの意味と価値の歴史的変化を，子育ての社会史の視点から整理し，子ども観の変容を，社会変動とのかかわりで考える。とくに，社会化エージェントとしての母親の孤立化，家庭教育の再発見，父親の育児参加に焦点を当てながら，親，家族，そして社会にとっての子育てのあり方，子ども観，社会化の担い手の変化をたどっていく。それらの考察を通して，現代の育児と家族問題，家庭教育の課題を考えていこう。

### （1）江戸期の子育て―社会化エージェントとしての父親

　子育ては家族にとっての一大事業である。長らく，家庭での育児の主たる担い手は母親との前提があったが，近年では父親の育児参加が注目されている。しかし，子育ての歴史的変遷をたどると，子どもの社会化

エージェント（社会化の担い手）としての役割が母親に特化されたのはさほど昔のことではない。たとえば江戸時代に、子どもの社会化の主要なエージェントとなっていたのは、むしろ父親であった。

江戸期の下級武士の日記を資料として、当時の親子関係を検討した子育ての社会史研究によれば、江戸時代は「父親が子どもを育てた時代」であったという。17世紀後半から18世紀に書かれた子育ての書には、「子どものしつけや教育を家長の大任と心得」ることが記されており、江戸期において重要な子育ての目標は、「家にとっての子ども」、とくに「跡継ぎとしての男子」の社会化であった。なかでも、意識的に子どもの教育を行っていた武士階層では、男子の養育は家長としての父親の役割であり、「家」の継承責任を子に伝える公的意味をもっていた。つまり、江戸期の子育ては、父親が社会化のエージェントとして「家にとっての子ども」を育てた時代といえる（太田 2011）。

他方、江戸期の母親の役割はなんであったのかといえば、当時の女性、とくに武士階層の女性に要請されたのは、「夫には主君に仕えるごとく仕え、舅姑には従順に孝行を尽くす」ことであった。また子育てにおいては、夫や舅の意思に従って実際の養育にあたることが求められた（小山 1991 p.19）。江戸期には女訓書が複数出版されたが、そこにはあるべき「妻」「嫁」の姿が書かれているものの、母としての役割に言及した徳目はあまり強調されていなかった。ただし「胎教」に関する言及が複数の書物にみられ、「よい子を産む」ことへの注目はあった（上 1991）。言いかえれば、当時の女性（母親）に期待されていたのは「家にとっての子ども」、「跡継ぎとしての子ども」を産む役割で、子どもの教育役割は主に父親の責務とされていたのである。

このような家中心的子ども観、「家にとっての子ども」というまなざしは、農民や町人たちの子育てにも当てはまるものであった。武士階層

ほど意識的，組織的ではないものの，江戸期において，家名（屋号），家産，家業の世代的継承の意識は庶民の間にも存在した。農民や町人の親たちは，子どもに幼少時から農作業や家業を通して経験知を伝達し，家業を継ぐために必要な知識，技術を習得させ，家産や家業の維持・存続を図っていたのである。

　また，「家」と村落共同体とが密接な関係をもっていた江戸時代において，子どもの社会化は「村にとっての子ども」としての承認も意味した。親が子どもに伝達した経験知は，家業を継ぐために必要な知識だけでなく，隣近所や親族，寺社との付き合い方，村のしきたりや冠婚葬祭時のふるまい方など，村落共同体で生きていくための知識であった。つまり，子どもは村社会の一員として社会化されるため，伝統的な子育ては家族内部に閉ざされるものではなく，村落共同体のなかに開かれていた。しかし同時に，その共同体での生活は地理的共同性，文化的閉鎖性の強い「ムラ社会」の暗黙の規範によって縛られてもいたのである。

### （2）社会化エージェントとしての母親への注目：明治期の子育て

　子どもの意味と価値の転換は，明治期に訪れた。急速な近代化・産業化の推進，富国強兵，家制度，公教育の創出という国家戦略は，家族と子育て，そして子どもの意味を大きく変えるものであった。明治期の家族と親の役割の変化を整理してみよう。

　第一の変化は，家制度のもとでの家族と国民の管理である。家制度とは，もともと伝統的に家族生活の統率者である家長のもとに，家名を存続・繁栄することに重点をおく社会制度のことである。明治の国家体制のもとで，家制度はイデオロギー的に再編・強化された。1871（明治4）年，戸籍法の制定によって，家は国家の基本単位となり，国家が直接的に家族とその成員を管理する方法として家制度が用いられた。

第二の変化は，1872（明治5）年の学制公布による公教育制度の創出である。学校教育という制度化された公教育の登場と普及は，すべての子どもに学びの機会を提供する意味があったが，もう一つの側面としては，近代の学校教育制度の枠内に子どもを囲い込み，「国家にとっての子ども」を養成する過程ともなった。そして，第三の変化として，学校教育の補完的役割を担う「家庭教育」が誕生し，そのエージェントとして母親が注目されたことが挙げられる。

## （3）家庭教育の「誕生」と母の役割
　「家庭教育」という用語は，家で行う「教育」，すなわち学校教育の対概念，あるいはそれを補完する概念として，1880年に当時の文部省の公用語として使用され始めた（中内1987，小山1990）。今日では，それは文脈によって子育てに関わる多様な営みを指して用いられているが，主に次の含意をもつとみるのが一般的である。一つは，しつけ，子どもの社会化としての家庭教育で，とりわけ規範や道徳面の家庭での教育を意味する。もう一つは，学校教育の学習面での補完を意図した家庭での学習であり，子どもの地位達成を目的とした親の意識的働きかけを意味するものである（天童・多賀2016）。

　ところで，「家庭」という言葉の普及には，福澤諭吉がかかわっていたことはよく知られている。石井研堂の『明治事物起源』によると，「家庭」という熟語が世間でさかんに使われるようになったのは，福澤が明治9年～10年にかけて発行した『家庭叢談』という雑誌を契機としていたとされ，彼が時代に先駆けて家庭への関心を抱いていたことを示すものと言われている（渡辺2010 pp.27-28）。

　この小冊子の発刊の言葉では，「家庭内のことのみを記して，ほかのことを考えないという意味ではなく」，「家風の正しい家の主人向けに，

朝夕親子の話題となってよい事柄を書こうとして」『家庭叢談』と名付けたとし,「ことの大小内外にかかわらず,小は一家の世帯,子供の訓導より,大は天下の経済,全国人民の教育に至るまで,親子間で話題にしてさしつかえないこと」を取り上げようというのであった(渡辺 2010 pp.27-28)。もっとも,この文面からも推し量れるように,明治初期の同誌の読者層は,一定の階層以上の家長向けの意味合いが濃いものであった。より一般向けに,また女性,母親を読者として想定した「家庭教育」の書物が数多く出版されはじめたのは,1880年代後半(明治20年代)以降のことである。

　子育ての社会史や良妻賢母思想に詳しい小山静子によれば,家庭教育論の嚆矢は,1885(明治18)年創刊の『女学雑誌』に求められるという。そして,徳富蘇峰の『家庭雑誌』(1892～98),羽仁吉一・羽仁もと子による『家庭之友』(1903年創刊,のちの『婦人之友』),堺利彦による『家庭雑誌』(1903～09)と,明治期の後半には家庭教育論がメディアのなかで一定の位置を占めるまでになった。この背景には,家庭教育,および学校教育への関心の高まりと,読み手としての母親・女性の識字力の上昇があったとされる。1900年前後(明治30年代)は,日本における初等教育政策が軌道に乗った時期であった。当時,女子就学率も著しい伸びを見せ,1899(明治32)年には50％台,1904(明治37)年には90％台と試算されている(小山 1991)。加えて,江戸から明治へと変わって30年以上たち,江戸期の育児観をもった旧世代の祖父母と,学校教育の普及のなかで子育てをする親世代の考え方の相違があらわになった時期でもあった。「家庭教育」論を記した書物の興隆の背景には,子ども観,育児観の世代間の軋轢と,江戸から明治への社会の近代化の中で親の育児戦略の転換があったと考えられよう。

　しつけの変化について見ると,伝統的に家や共同体を基盤に行われて

きたしつけ，行儀作法，見習い教育といった旧来の育児法，教育方法は，公教育制度の浸透とともに崩れつつあった。そして，村落共同体からの自律性・独立性を高めた家族は，閉鎖性・プライバシーの壁を次第に強め，家庭という私的領域において子育て責任を担う「母」の役割が強調されていくことになった（矢澤・天童 2004）。女性は，家庭において男性の活動を支え，次世代の「よき国民」を育成する家庭内の「社会化エージェント」となることを通して，国民化されていった。その一方，父親はもっぱら一家の稼ぎ手として生産労働に従事し，子育てへの関与を徐々に後退させていったのである。

## 2. 家族と子ども観の変容

### （1）「教育する家族」の登場：大正期の子育て

　大正期の子育ての特徴は，「教育する家族」（沢山 1990）の登場にある。日露戦争，第一次世界大戦を経て，産業化と都市化が進展するなかで，日本では新中間層が本格的に登場した。新中間層とは，資本家でも労働者階級でもない中間の階級的位置を占める階層であり，頭脳労働，俸給という所得形態，生活水準の中位性を特徴とする。

　大正期（1920年頃）に新中間層は全人口の5〜8％ほどであったが，東京（東京市）では2割を超え，都市部に比較的多くみられる新たな階層であった。新中間層の家族は，生産と消費の分離，主婦としての女性の役割の強化，子どもへの教育的配慮といった特徴をもつ。

　当時，都市部の新中間層の人々の代表的職業は，官吏，教員，会社員，職業軍人など，近代化の進展の中で生まれ，学校教育を経て形成されるものであった。それらは世襲的家業ではなく，親から子への経験知の伝達という旧来型の社会化には限界があった。そこで，親は子ども

に,「学歴」という制度化された文化資本を獲得させることで,自ら社会的地位を再生産・上昇させる戦略を取っていく。このような新中間層の親たちは「教育による階級的上昇と,よりよい生活への期待の心性」(沢山 1990 p.124) をもっていた。

「教育する家族」の戦略は,出生力の抑制というかたちでも現れた。日本の出生率は1920年代中ごろから緩やかに低下を始めたが,歴史人口学の研究では,出生数の低下はまず,都市部の高学歴層から始まったことが指摘されている(速水 1997)。これは,子どもの「数」を制限して子育ての「質」を高めようとする「少子化という育児戦略」(天童編 2004 p.20) の先駆けと見ることができよう。

### (2) 地位家族から個人志向家族へ

子ども観の変遷を,時代を追って見るならば,次のように整理できる(表3-1)。江戸期から明治期への,国民化,近代化に伴う子ども観の変容,そして明治期の「家にとっての子ども」「国家にとっての子ども」から,大正期の「家庭にとっての子ども」への変化である。このような家族の変化を教育社会学の視点からより広い文脈で捉えるならば,「地位家族から個人志向家族へ」の変化と要約できる。これはイギリスの教育社会学者バーンスティン(Bernstein, B.)の概念をふまえたものである。

バーンスティンは,言語的社会化の観点から家族体系における役割分化とコミュニケーション体系を考察し,地位家族と個人志向家族の2つのタイプを提示した。地位家族は,家族成員の地位間の境界が明確で,年齢,性別,出生順位に基づく序列的な社会統制(「見える統制」)によって形成された家族である。子どもの社会化は定式化された地位と役割の型を,親から子へと一方向的に伝達する形態である(Bernstein

**表3-1 子どもの価値の変遷と家族関係・社会動向**

| 時代 | 子どもの価値 | 家族関係 | 社会動向 |
|---|---|---|---|
| 江戸期17世紀-19世紀半ば | 家の子ども<br>村落共同体の子ども | 跡取りの社会化＝父親(家長)の公的役割<br>母親＝産む性の強調 | 多産多死 |
| 明治期<br>1868-1911年 | 家の子ども<br>国家の子ども | 社会化エージェントとしての父親の後退<br>家庭教育の発見<br>良妻賢母イデオロギー | 急速な近代化<br>富国強兵<br>公教育制度の登場<br>国家の基本単位としての家族 |
| 大正期<br>1912-1925年 | 家庭の子ども | 性別役割分業型の家族と夫婦関係の誕生 | 新中間層と近代家族の登場 |
| 昭和初期-戦時下<br>1926-1945年 | 戦力としての子ども | 国家に奉仕する家族 | 「産めよ殖やせよ」政策の展開 |
| 戦後-高度経済成長期<br>1945-1960年代 | 労働力としての子ども→消費財としての子どもへ | 「企業戦士」の父親と「教育する母親」<br>「少なく産んでよく育てる」育児戦略 | 人口転換・少産少死<br>近代家族の大衆化<br>都市的ライフスタイルの浸透<br>性別役割分業体制の広がり |
| 1970年代-80年代 | 個人にとっての子ども | 母性強調・母性抑圧<br>専業母・母性神話への懐疑・抵抗 | 出生率の低下<br>晩婚・晩産化 |
| 1990年代 | 選択としての子ども | 父親の再発見<br>父親の育児参加の促進 | 男女共同参画の潮流<br>少子化の社会問題化<br>「次世代育成」政策の展開<br>シングル化・非婚化 |
| 2000年代 | 戦略としての子ども | 家庭教育への関心の高まり<br>家庭責任の強調<br>ファッションとしての子ども・子育て | 格差社会<br>グローバル化の加速,新自由主義,新保守主義<br>ジェンダー体制の再編 |

宮坂(2000),矢澤・天童(2004),天童編(2016)をもとに作成。

1971)。たとえば,「家にとっての子ども」を重視する時代の家族は,跡継ぎとそれ以外の子,あるいは男児と女児の明示的差異化がなされ,家父長制的イデオロギーに基づく地位家族の特徴を色濃くもっていたといえる。

それに対して個人志向家族は,家族成員の地位的境界が不明瞭で,個人の差異をもとに分化した家族である。社会化は個人中心的な「見えない統制」となり,子ども本位の社会化,すなわち子どもの個性や自律性に訴えかける社会統制となる。大正期の新中間層の子育ては,子どもの本性・個性にそった個人本位の社会化を志向する点で,そこに個人志向的社会化の萌芽をみることができる。

とはいえ,大正デモクラシーの風潮のなかで,近代的市民意識をもった知識層,新中間層の間で受け入れられた子ども中心主義的教育観や個人志向的なしつけ思想は,当時それ以上には広がらなかった。子ども中心主義や自由教育の思想がブルジョワ的個人主義とみなされ,一時的な「流行」に終わったのは,この思想を支える階級的基盤の脆弱さと,近代市民的な個人中心的家族形成の未成熟のためであったという(柴野1989)。日本において,個人志向的な社会化を特徴とするいわゆる「近代家族」が広がりを見せるのは,昭和期の戦争と戦後の民主化を経て,1950年代後半からの高度経済成長期以降のことであった(天童編2004)。

### (3) 戦時下の子ども観と母性の統制

子育ての社会史を概観するうえで,戦前・戦中の育児と子ども観について,簡略に触れておこう。それは「国力,戦力としての子ども」を育成する時代と要約できる。

1931(昭和6)年の満州事変,1937(昭和12)年の「国体の本義」

配布，1938（昭和13）年の国家総動員法の公布と，非常時体制が成立するなかで，戦時下においては「戦力としての子ども」と，「産む性としての母性」の強調があった。

国力増強を目的に「よい兵隊をつくる」ことが国策として明示されるなか，保健政策においては，当時欧米と比べて高かった結核罹病率，乳児死亡率を下げ，国民の体力向上が図られた。こうした動きと対応して，「産み育てる性」としての女性，母親への関心の高まりがあった。

当時の母親向け雑誌メディアの言説研究によれば，1940年代には，国家の母胎としての母役割が，戦時の言論・メディア・思想統制のもとで，広く流布されていったという（高橋 2004）。そして，「産めよ殖やせよ」のかけ声のもと，国を挙げて出産奨励策が推し進められるなかで，避妊薬や避妊具の販売は禁止され，中絶は堕胎罪によって罰せられた。性，出産，育児という再生産の営み，産む性としての女性の身体は，国家の強力な統制下におかれたのである（沢山 1998）。

## 3. 高度経済成長期以降の家族と子育て

### （1）近代家族と子どもの価値の変容

戦後の法制度改革によって，かつての家制度は法律上では消滅した（1947年改正民法の施行）。そして，家制度を支えていた家父長制的家族規範に代わって，戦後日本の家族システムの支柱となったのは，都市中間層を中心に広まった「近代家族」の規範であった。

「近代家族」とは，近代産業社会が生み出した家族の一類型であり，核家族，性別役割分業，子ども中心主義，母性愛，家族間の情緒的絆の強調，非親族の排除と職住分離，プライバシー空間の確保などに特徴づけられる（落合 2004）。日本では，高度経済成長期の1950年代後半以

降,「近代家族」の理念と形態が次第に一般化していった。

　戦後の家族の変容は，子どもの価値や子育ての変化とも連動する。かつての農業中心社会においては，子どもは労働力，家の跡継ぎ，親の老後保障としての意味をもっていた。それが雇用者比率の増大と都市的ライフスタイルの浸透のなかで，子どもの数を制限して一人一人の子どもにできるだけ質の高い教育を与え，将来有利な職業に就かせたいとする親の教育戦略が広がりをみせた。「少なく産んでよく育てよう」とする親の再生産戦略，すなわち「少子化時代の育児戦略」（天童編 2004）の浸透である。

## （2）性別役割分業と母の孤立化──育児メディアの興隆と変遷

　育児の主な担い手となった母親たちの子育て環境は，戦後の産業構造の変化，都市化，家庭構造の変化のなかで，大きく様変わりしていた。とくに都市部の核家族で子育てする母親の育児知識の情報源として，育児書，育児雑誌といった育児メディアが登場したのは1960年代以降である（横山 1986，天童編 2004 p.24）。

　当時，松田道雄の『日本式育児法』（講談社 1964），『育児の百科』（岩波書店 1967）や，輸入育児書の代表格である『スポック博士の育児書』（暮しの手帖社 1966）などが登場し，科学的知識に裏付けられた育児法が紹介された。また70年代前後には，市販の育児雑誌（『ベビーエイジ』1969，『わたしの赤ちゃん』1973）も相次いで創刊されるなど，育児雑誌メディアの登場があった。このような育児書や育児雑誌の登場と興隆は，主な読者層である母親たちの，子どもの健康，しつけ，教育への配慮と関心の高まりが大衆化したことの現れといえる。

　一方，1970年代，育児書や育児雑誌メディアが都市部の母親層を中心に広がりを見せた背景には，育児環境の変化があった。

かつて親族や地域の人間関係に支えられ，複数の手によって営まれていた育児は，前述した家族構造の変化に伴い，性別役割分業体制に彩られた都市型コミュニティのなかで，母親の肩に重くのしかかってきた。社会化エージェントとしての「母の孤立化」である。育児に実際にかかわる人的資源（母親以外の育児の担い手）をもたない母親たちの「孤立無援の必死の子育て」の様相は，たとえば当時の育児雑誌上の投稿ページから読み取れる。近代家族における母親は，医者（衛生）と教師（しつけと教育）の代理機関となり，「愛情」の名のもとに子どもの身体への配慮としつけ責任を一身に担う存在に特化したのである（Donzelot 1977, 天童編 2004 p.30）。

## （3）子育てにおける「父親の再発見」

このようにして1970年代には，子どもの養育責任は主に母親の手にまかされ，父親（男性）たちはケア役割から排除される「父親不在」の育児状況が加速していった。やがて1980年代になり，共働き家庭が増え始めると，母親が家庭にいることを自明とする従来の近代家族モデルは少しずつ変容していった。

戦後日本の母親像・父親像の変遷について宮坂は，戦後から高度経済成長期を「教育する」母親像の大衆化の時代，70年代を母性強調・母性抑圧の時代，続く80年代を専業母・母性神話への懐疑と抵抗の時代とした。そして90年代を「父親の再発見」の時代と整理している（宮坂 2000 p.31）。

80年代，母性神話や3歳児神話といった母性イデオロギーへの懐疑と抵抗が生まれた背景には，既存の学問領域における暗黙の男性中心主義を問う「女性学（women's studies）」の広がりがあった。また社会的動向を見ると，85年の国連「女性差別撤廃条約」の批准を契機に，「男

女雇用機会均等法」が施行され（1986年），91年には「育児休業法」が制定（92年に施行）されるなど，90年代は「男女共同参画社会」への潮流と育児の社会化（社会で育児を支える方向性）が生まれた時期であった。そして，母親だけでなく父親も，ともに子育てにかかわる共同育児への注目が増していったのである。

**（4）育児言説の変容**

　日本の「家族と教育」をめぐる社会的動向について，天童（2016）は育児言説〈育児をめぐることばの束〉の視点から次のように整理している。第一に，高度経済成長期から70年代には，性別役割分業を前提に，育児の主要な担い手としての母のカテゴリー化があり，母性神話や，「子どもが幼いうちは母の手で」との言説が，学問的主張と政治・経済的意図とが重なり合って生成され，正当化されていった。その底流にあるのは，性別役割分業体制の強化とメリトクラシーのイデオロギー（子ども自身の能力や努力次第で社会的地位が決まるとの考え方，第6章で詳述）である。第二に，80年代の女性学の広がりと母性神話への懐疑を経て，90年代には男女共同参画型育児の意識が広がった。ただし，「父親の育児参加」言説と実際の男性の育児関与との乖離，子どもを巡る問題の家庭責任論が浮上する。そして第三に，2000年代以降は，新自由主義，新保守主義の台頭，グローバル化の加速のなかの格差社会の現実があり，そのなかで，教育格差，希望格差，子育ての二極化といった新たな問題群が顕在化している（天童編 2016）。

　2000年代は子育て支援政策の具体化とともに，ワーク・ライフ・バランス，父親の育児参加を促す取り組みなど「ケアラーとしての男性」（ケア役割を主体的に担う男性）の認識は広がりつつある。それは男女共同参画型のジェンダー平等な子育て公共圏を広げていく契機となる可

能性を持っている。

　一方，父親の家庭教育への関与の強調が，文脈によっては，むしろ家庭内における父親の権威の復権を目指すジェンダー・ポリティクスや，グローバル競争時代の「我が子の勝ち残り戦略」とも結びつきかねないことにも留意せねばならない。

　2000年代型父親向けの育児・教育雑誌の記事分析からは，父親の育児参加や家庭教育へのかかわりが，ジェンダー平等志向の家族の体現に見えながらも，実のところ既存のジェンダー体制と階層構造の再生産に寄与する父役割の「再強化」に転じる側面をもっていることが指摘されている（第6章「父親の育児参加」で詳述）。

　育児観と育児言説の変容において，2000年代以降顕著となったのは，グローバル化と新自由主義の加速を背景に，格差社会を生き抜こうとする子育て期家族の危機感と背中合わせの「家庭の自己責任」論の強化という側面ではなかろうか。そして，家族格差（家族の経済的・文化的格差）と密接にかかわりながら，父母ともに我が子の「よりよい子育て」に集中する，ペアレントクラシー時代（第6章pp.97-99参照）の育児戦略，再生産の個人化戦略の強化，家庭責任の過度の強調という現実が顕在化しているのである。

### 学習課題

（1）表3-1に示した「子ども観の変遷」をふまえて，江戸期から現代まで，家族関係，社会動向にどのような変化があったかをまとめてみよう。

（2）近代家族の特徴を整理し，家庭教育とのかかわりを考えてみよう。
（3）社会化エージェントの役割が母親に特化した背景，さらに父親の育児参加への注目の理由を，社会的変化とともに考えてみよう。

## 引用文献

Bernstein, B., 1971, *Class, Codes and Control vol.1 : Theoretical Studies Towards a Sociology of Language*, RKP（= 1981, 萩原元昭編訳『言語社会化論』明治図書）

Donzelot, J., 1977, *La police des familles*, Edition de Minuit（= 1991, 宇波彰訳『家族に介入する社会―近代家族と国家の管理装置』新曜社）

速水融　1997　『歴史人口学の世界』岩波書店

小山静子　1990「家庭教育の登場―公教育における『母』の発見」谷川稔他『規範としての文化―文化統合の近代史』平凡社，241-267

小山静子　1991　『良妻賢母という規範』勁草書房

宮坂靖子　2000「親イメージの変遷と親子関係のゆくえ」，藤崎宏子編『親と子―交錯するライフコース』ミネルヴァ書房，19-41

中内敏夫　1987「家族と家族のおこなう教育―日本・17世紀～20世紀」『一橋論叢』97（4），497-522

落合恵美子　2004　『21世紀家族へ』〔第3版〕有斐閣

太田素子　2011　『近世の「家」と家族―子育てをめぐる社会史』角川学芸出版

沢山美果子　1990「教育家族の成立」，第1巻編集委員会編『〈教育〉―誕生と終焉』藤原書店，108-131

沢山美果子　1998　『出産と身体の近世』勁草書房

柴野昌山編　1989　『しつけの社会学―社会化と社会統制』世界思想社

高橋均　2004「育児言説の歴史的変容」，天童睦子編『育児戦略の社会学』世界思想社，74-104

高橋均　2016「2000年代型育児雑誌にみる父親の『主体化』」，天童睦子編『育児言説の社会学』世界思想社，78-113

天童睦子編　2004　『育児戦略の社会学―育児雑誌の変容と再生産』世界思想社

天童睦子編　2016　『育児言説の社会学―家族・ジェンダー・再生産』世界思想社
天童睦子・多賀太　2016「『家族と教育』の研究動向と課題―家庭教育・戦略・ペアレントクラシー」『家族社会学研究』No.28（2），224-233
上笙一郎　1991　『日本子育て物語―育児の社会史』筑摩書房
渡辺德三郎　2010　『福澤諭吉　家庭教育のすすめ』慶應義塾大学出版会
矢澤澄子・天童睦子　2004「子どもの社会化と親子関係―子どもの価値とケアラーとしての父親」東京女子大学女性学研究所・有賀美和子・篠目清美編『親子関係のゆくえ』勁草書房，68-106
横山浩司　1986　『子育ての社会史』勁草書房

# 4 | 親になる過程
## ―親役割の取得

天童睦子

《目標&ポイント》 子どもをもつこと，育てることが家族にとって，また女性の人生の一大イベントとして位置づけられる現代社会において，ライフコースの多様化とともに，親になることの意味，親アイデンティティのあり方も変化している。本章では，親役割の取得と「親になること」による親自身の社会化を検討する。また妊娠・出産情報誌の登場と変遷をもとに，子どもをもつことをめぐる女性の意識変化を考える。
《キーワード》 女性のライフコース，未婚化・晩婚化，親アイデンティティ，親役割，親の社会化，生殖医療

## 1. 子どもの社会化と親になること

### (1) 社会化の二つの側面

現代社会における家族の機能として欠かせないものに，子どもの社会化がある。社会化とは，「個人が当該集団の容認する社会的行動を習得することによって，集団への適応を学習する過程」と定義される。子どもの社会化は，社会体系を維持し発展させていくために，子どもをそのなかに組み込んでいく過程を意味するが，親や教師は，子どもの養育や教育を通じて，社会の要請する諸々の規範や価値を子どもに伝達する社会化のエージェント（代行機関）として位置づけられる。パーソンズ（Parsons, T.）に代表される機能主義的観点からの研究で用いられるのは，この意味の社会化である。

一方，社会化を，自己と他者との認知的な相互作用の連続的プロセスと見る立場もある。G.H. ミードの象徴的相互作用論をふまえたブリム（Brim, O.G.）は，役割学習に特化した社会化論ではなく，社会化によって人間が獲得する「能力」を重視した。そして社会化を乳幼児期，子ども期の初期的社会化段階にとどまるものではなく，生涯を通じた社会における成員性や能力の獲得過程ととらえるのである（Brim & Wheeler 1966）。

　また，R. ヒルとJ. アルダスは，子どもをもつことにより変化する家族成員の役割ネットワークと，親の社会化のプロセスを考察している。つまり「親になる」ことは，子どもという存在の出現により家族内の役割システムが変化することであり，親はそれによりライフサイクル上の位置を移動するとともに，子どもの要請に応じて役割を変容させ，創発的に自己社会化を行うという主体的志向をもつ。この視点からみれば子どもの社会化は，親から子どもへの一方的な作用ではなく，社会化に関わる複数の人間関係が生み出す多様な日常的相互作用の過程ということになる（矢澤・天童 2004）。

　ここに社会化の2つの側面，すなわち社会化エージェントとしての親が子どもに対して，社会における価値と規範と文化を伝えていくプロセスと，子どもを育てる過程で，親自身が「親になる」プロセス，いわば親としての第二の社会化過程（成人の成長・発達の過程）をみることができる。

### （2）人間の生涯発達の視点

　このような「親になる」プロセスを含んだ生涯発達の観点にたつ研究としては，教育学の分野では，ハヴィガースト（Havighurst, R.J.）の「人間の発達課題と教育」の古典的研究，また，心理学の分野では

エリクソン（Erikson, E.H.）の発達の八段階説などがよく知られている。エリクソンは，乳児期，幼児期初期，遊戯期，学童期，青年期，前成人期，成人期，老年期の八段階の発達段階と，それぞれの段階の葛藤と混乱を経て形成されるアイデンティティについて論じたが，誕生から死に至るまでの心理的・社会的発達の主要な諸段階に注目し，成人期もまた他の段階と同様に種々の葛藤に満ちた独自の発達段階とみなした（エリクソン 訳書 1989）。

「親になる過程」にとくにかかわる研究として，ここではアメリカの教育学者ハヴィガーストの説を紹介しておこう。彼は，人間が生まれた瞬間から死に至るまでの全生命の過程（幼児期，児童期，青年期，壮年初期，中年期，老年期）を連続的・発展的な一筋の流れとしてとらえ，教育的立場から生涯それぞれの時期における発達課題を指摘した。

なかでも，親になる時期としての壮年初期（18歳～30歳ころ）について，結婚，初めての妊娠，初期の真剣な定職，子どもの病気，初めて家をもつ経験，さらには子どもを学校へやるといった経験をする時期であり，もし個人が学習を動機づけられるとすれば，生涯のうちで最も教育の契機に富んでいるとする。そしてこの時期の発達課題として，配偶者選択，配偶者との生活を学ぶこと，第一子を家族に加えること，子どもを育てること，家庭の管理，職業に就くこと，市民的責任を負うこと，結婚後の二人に適した社会集団をみつけること，といった家族形成期の課題が挙げられている。

ハヴィガーストによれば，壮年初期の発達課題は，幼児期以来の教育が向かってきた目標であり，それゆえこれらの課題は，学校課程の終わりにあたって生徒の学習をテストする「最終試験」のようなものであるという。「もし個人が急速に学習することを動機づけられるべきであるとすれば，壮年初期はまさにその好機である」のだが，学齢期を過ぎた

この時期には，社会が人々に対してはらう教育的努力は，非常に少ないと述べている（ハヴィガースト　訳書 1995 pp.260-308）。

このような青年期から壮年初期への移行と，その時期の教育の重要性の指摘は，大人になるうえでの成長と学習のプロセスへの着目として意味のあるものといえるだろう。ただし，このような発達課題論や，既存のライフサイクル研究において想定されていたのは，20世紀半ばまでのアメリカの中流階級の家族モデルであり，現代の多様化するライフコースとはかなり異なるものである。また，人間の発達課題(タスク)として，結婚，子どもをもつことなどを過度に強調するならば，たとえばシングルであること，子どもをもたないことなど，人々のたどる人生の多様性の視点を欠いたステレオタイプの議論にも陥りかねない。

家族と個人の人生の多様化が加速する社会では，加齢に伴う発達段階仮説や，それと結びついたライフサイクル論には限界があった。それに代わって注目されたのがライフコース研究である。

### （3）ライフコースの視点

ライフコースとは，この分野の研究で知られるエルダー（Elder, G.H.）がいうように，個人が年齢別の役割や出来事（ライフイベント）を経つつたどる，人生行路（pathways）のことである。ライフサイクル研究が，成長，成熟，老衰という人間の生理的な変化の過程に即して，人々や家族のパターン化された変化をとらえるのに対して，ライフコースの視点は主体としての個人を重視し，人生行路をなす経歴の束の中に，学歴，職歴など社会変動の影響を受けやすい活動領域の経歴を含んでいるため，社会変動の影響下にあるものとして，また社会変動の担い手となりうるものとして，個人をとらえるものである（森岡 1996 pp.2-6）。

家族研究にライフコースの視点が導入され注目されるようになった理

由としては，①長寿化という人口変動，②家族の多様化と社会変化，③「私の生き方」の追求といった個人化志向の高まりがあったとされている（岩上 2007 pp.30-34）。

多様化という人生選択の幅の広がり，個人化という「自分らしい生き方」へのこだわりは，日本では1980年代以降，とくに女性の人生設計において顕著となった。そこで次に，女性のライフコースの変化について，未婚化・晩婚化の加速，「選択としての結婚・出産」意識を中心に見ていこう。

## 2. 女性のライフコースと子どもの意味の変容

### (1) 未婚化・晩婚化と「選択」としての結婚・出産

日本では1980年代以降，初婚年齢の上昇，すなわち未婚化・晩婚化が進んだといわれている。

2015年の平均初婚年齢は女性29.4歳，男性31.1歳で，30年前（1985年：女性25.5歳，男性28.2歳）と比べて女性では3.9歳，男性では2.9歳高くなっている（厚生労働省「人口動態統計」）。

また生涯未婚率（50歳時の未婚率）の推移において，男性の比率は80年代後半から急上昇し，2010年には20.1％（女性10.6％）となっている（国立社会保障・人口問題研究所 2014）。

ただし，非婚化，シングル化の傾向が強まったとは言い切れない。日本では諸外国に比べて若者の同棲率は低く，婚外子出生率も低い。未婚男女を対象とした出生動向基本調査（国立社会保障・人口問題研究所「第15回出生動向基本調査」2015年版）では，「いずれ結婚するつもり」との回答が男女とも9割近くと多数派を占めており（女性89.3％，男性85.7％），結婚志向は依然高めである。また，未婚女性の将来のライ

フコース調査では，子どもをもつことが人生設計の理想と予定の双方で広く意識され，非婚就労継続型や，DINKS志向は少数派である（図4-1）。

現代の女性たちは，高学歴化，就業による経済的自立志向が一般化するなかで，女性の生涯保障としての旧来の結婚観とは異なる意識をもち始めた。未婚化・晩婚化の背景要因の一つには，若い女性たちの結婚への相対的不利益感と，結婚をめぐる男女の価値意識の多様化がある。

未婚化・晩婚化が進行している背景として，前述の出生動向基本調査（2015）を見ると「独身生活に利点あり」と考えている未婚者は男女ともに高く8割を超え，「行動や生き方が自由」をあげる人が多い（女性75.5％，男性69.7％）。「独身でいる理由」として，「仕事（学業）にうちこみたい」，「必要性を感じない」といった理由のほか，25〜34歳では男女ともに「適当な相手に巡り合わない」が多い（女性51.2％，男性45.3％）。また，女性に「自由や気楽さを失いたくない」が，男性には「結婚資金不足」といった理由が目立つ。

つまり若年層の男女の多くは，いずれ結婚し子どもをもつことを視野に入れてはいるものの，女性たちは「自由や気楽さを失いたくない」といった理由から「結婚・出産の先送り」をし，男性たちは家族を養うだけの安定した収入への不安（不安定雇用の増加）を抱えて，「結婚したいができない」状態にある若年層が少なくないと思われる。

### (2) 女性のライフコース

では，女性たちはどのような人生設計を理想としているのだろうか。次に，女性の就労と子どもをもつこと（親になること）にかかわるライフコースのパターンを見てみよう。図4-1は，1987年－2015年の未婚女性の理想と予定のライフコースを比較したグラフである。

第4章 親になる過程──親役割の取得

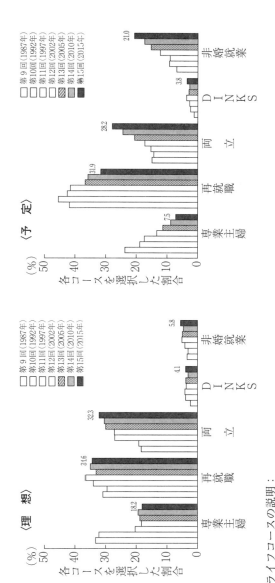

ライフコースの説明：
専業主婦コース＝結婚し子どもを持ち、結婚あるいは出産の機会に退職し、その後は仕事を持たない
再就職コース＝結婚し子どもを持つが、結婚あるいは出産の機会にいったん退職し、子育て後に再び仕事を持つ
両立コース＝結婚し子どもを持つが、仕事も一生続ける
DINKSコース＝結婚するが子どもは持たず、仕事を一生続ける
非婚就業コース＝結婚せず、仕事を一生続ける

注：対象は18～34歳の未婚者。質問文は、以下の通り。
女性の理想とするライフコース：「あなたの理想とする人生はどのタイプですか」。
女性の予定ライフコース：「理想は理想として、実際になりそうなあなたの人生はどのタイプですか」。

**図4-1 未婚女性の理想と予定のライフコース**
出所：国立社会保障・人口問題研究所「第15回出生動向基本調査」[2015] より作成。

日本の多くの女性たちにとって戦後の高度経済成長期から1970年代までは，結婚または出産後，それまで有していた仕事を離れて妻役割に専念する「専業主婦型」が一般的に自明視されてきた。70年代後半から，子育て期間中はいったん仕事から離れるが，子どもの手が離れたら再び仕事に就く「中断再就職型」が広がりをもった。80年代以降は，結婚後子どもをもつが，仕事も続ける「両立型」が増え始め，90年代後半以降，図4-1に見るようにその比率は理想のライフコースにおいては高まりを見せている。代わって「専業主婦型」はその割合を減らし，女性たちの多くが「家庭と子育てだけではない」生き方を志向していることがうかがえる。とくに2010年以降は，「両立型」を理想とする割合が3割を超えている。

　また，未婚男性がパートナーとなる女性に期待するコースでも両立コースが3割を超え，専業主婦を望む人は減少傾向となっている（国立社会保障・人口問題研究所 2015）。

　女性の現実に即した「予定」のコース（2015年）では，「両立型」と「再就職型」が拮抗し，「非婚就業型」が増える傾向がみられる。また，「専業主婦型」を選択する割合は減少傾向が続いている。いわゆるM字型労働曲線に示されるような，「仕事か家庭か」のトレードオフ（二者択一）にならない生き方が模索されているとみることもできる。

　一方，「男性（父親）の育児参加」言説は広がりを見せているものの，男性の実際の育児関与は限定的であり（第6章で詳述），「仕事も，家庭も子育ても」という選択肢は，事実上，女性にとってダブルバーデン（二重負担）となりやすい。ペイドワークと，プライベートライフのバランスのとれた生活は男女双方の課題である。

## 3. 妊娠・出産情報誌にみる「母になること」の意味と変容

### （1）選択としての妊娠・出産—「母になること」のイベント化

　これまで見てきたように，1980年代以降の晩婚化，それに伴う晩産化の背景には女性のライフコースの多様化と個人化がある。80年代には，男女雇用機会均等法の制定（1985年）など，「女性の社会進出」を支える法整備も進むなかで，女性たちの間では，職業キャリアを視野に入れながら，結婚・妊娠・出産とその時期を「自己選択」する意識が広がりを見せたと考えられる。80年代に入り，一定のキャリアを積んだ後，30歳をすぎて初めて子どもを産む女性の比率も高まった。かつて女性の人生設計のなかで「自明視」されてきた，結婚・出産・育児の営みは，女性のライフステージにおける「特別な関心事」へと変容したといえるだろう。

　ここで目を転じて，育児メディアの動向と「母になること」の意味の変容，さらに生殖医療の展開を受けた妊娠・出産情報誌を取り上げてみたい。

　近年の生殖医療の展開は目覚ましく，出生前検査，卵子凍結，遺伝子診断といった事柄は，医療の場だけでなく広く一般の人々の関心を集めるものとなっている。このような生殖にかかわる新たな技術の利用者として想定されているのは，妊娠期の女性，あるいは妊娠を望む女性である。

　雑誌メディアにおいて妊娠・出産情報誌の登場は，1980年代半ばのマタニティ雑誌を始まりとするが，当時の誌面は，初めての妊娠・出産を経験する女性向けにわかりやすく産科医療や妊娠・出産の基礎知識を伝えるものであった。1980年代，出版界は老舗の主婦向け雑誌が廃刊・

休刊に追い込まれる厳しい状況下にあったが，育児関連の雑誌は例外で，1985 年には『マタニティ』（婦人生活社），『P・and』（小学館），86 年には『Balloon』（のちに『バルーン』と誌名変更：主婦の友社）と，マタニティ雑誌の創刊が相次いだ。

　育児メディアの趨勢分析に基づく考察では，80 年代後半にマタニティ雑誌が一定の読者層を獲得した理由として，第一に，妊娠・出産という女性にとっての「初めての体験」の不安を解消するための，平易な医学知識の伝達媒体としての機能が求められたこと，第二に，女性の生涯における数少ないライフイベントとして，妊娠期を楽しもうとする「ヒロイン妊婦」の意識が強まったことが挙げられる。つまり，「母になる私」の「主役化」意識が生まれ，ファッションとしての妊娠・出産を表象する雑誌メディアが登場したのであった（天童 2004 pp.146-148）。さらに，産科医療の進展に伴って，先行世代の出産経験が必ずしも現代的ではないと感じるプレママ層の要望に見合う情報メディアが求められたことも挙げられる（天童・加藤 2016）。

　他方，1990 年代半ばには，バルーン編集部から「妊娠を望む」女性向けに『赤ちゃんが欲しい』（主婦の友社）と題する雑誌が出版された。95 年から年 1 回のペースで発行されていた同誌は 2001 年から季刊となり，インターネットによる情報提供ともタイアップしながら一定の発行部数を保持してきた。『赤ちゃんが欲しい』の誌面には，そのタイトルが示すように「受精のメカニズム」「不妊原因」といった記事内容から「全国子宝温泉マップ」といった「神頼み」に至るまで，妊娠を望む，あるいは不妊に悩む女性とカップル向けの誌面構成の徹底が図られている。

## （2）子どもをもつことの意味

このような趨勢は，子どもを産むこと，子どもをもつことをめぐる女性の価値志向の研究からも見て取れる。若い世代の母親層の「子どもを産む理由」について，心理学的調査を行った柏木らによれば，避妊と計画出産が一般化した現代において，子どもは「結婚（生殖家族の形成）」の当然の結果というよりも，人生における選択肢の一つとなり，子どもを「つくる」選択が個人の心のありようを反映するものになったと指摘する。そして各世代（30歳代，40歳代，60歳代）の母親それぞれ約300人を対象とした調査から，「子どもを産むこと」の理由として次の5項目を析出している（柏木 2001）。1つ目は家族がにぎやかになる，夫婦の絆が強まるなど，家庭や夫婦にとっての「情緒的価値」，2つ目は，結婚したら子どもをもつのは当然，次世代をつくるのは人としてのつとめなどの「社会的価値」，3つ目は子どもを育ててみたい，妊娠・出産を経験してみたかったなど，女性自身にとっての「個人的価値」，さらに，4つ目として，子どもを産む条件整備次第の「条件依存」（経済的ゆとりができた，夫婦関係が安定，自分の仕事が軌道にのったなど），5つ目として，よい保育園があった，子育てを手伝ってくれる人がいたなど，「子育て支援の獲得条件」が挙げられている。

柏木らの調査分析からは，世代を通して最も高いのは「個人的価値」であり，世代間では年長世代（60歳代）では社会的価値が高く，30歳代の若い母親世代では個人的価値が高いこと，また「条件依存」「子育て支援」は若い世代ほど高くなることが明らかにされている。そして，若い母親層では「妊娠・出産そのものを経験したい」との意識が新しい要素として見出されるとする。これらの分析結果は，「体験欲求としての妊娠・出産」，「子どもをもつことのイベント化」の現象を支える，子どもの価値の規定要因としても注目される。

### (3) 妊娠の医療化と親になること——2000年代型のメディア情報

2000年代以降の妊娠・情報誌の特徴を，前述の『赤ちゃんが欲しい』の特集記事から整理すると，①母になる身体の準備記事（例「体を温めて妊娠力アップ」），②不妊治療にかかわる医療記事（専門医にきく体の気がかり），③生殖補助医療，不妊治療の最新情報（年代別のアドバイス，クリニック選び），④読者参加型誌面（「ベビー待ち中，励まし合って勇気をもらえる」等）といった誌面構成が見てとれる（天童・加藤 2016 pp.168-169）。

ほかにも産科医療，不妊治療の情報誌から始まった『i-wish ママになりたい』（2003年 丸善出版）など，産婦人科との連携のもとに不妊治療施設リストや地方自治体の助成制度窓口リストといった具体的医療情報を盛り込んだメディアもある。近年の他の雑誌メディアと同様に，この種の雑誌もインターネット情報とタイアップして最新の情報提供を行うことを謳っている。これらの誌面には男性の役割や男性の不妊治療の特集も掲載されてはいるものの，記事の中心は女性読者向けで，女性が「産むこと」のできる「あるべき」身体に向けて準備する内容が主流である。

このような「妊活」メディアが目立ちはじめた2000年初頭，日本の状況を振り返れば，出生動向基本調査（社会保障・人口問題研究所 2004）では「不妊の心配や治療経験の有無」について，4組に1組の夫婦が「不妊の心配」をしたことがあり，13％が検査やなんらかの治療を経験していると回答していた。また，体外受精による出生児は，90年代には出生児全体の1％とされていたが，2010年で総出生児数に占める割合は2.7％と高まっており，近年では新生児のおよそ37人に一人が体外受精という割合である。体外受精で生まれた子ども数は年間3万人を超え（2011年 3万2426人），累計では体外受精で生まれた子

どもが30万人を超えたとの報道もある（日本産科婦人科学会の調査による：2013年10月30日読売新聞）。

　生殖補助医療の進化は，我が子を望むカップルの切実な願望をかなえる「福音」と受け止められる場合も多い。また産科医療と医学の進歩が出産の安全性を高め，多くの母子を救ってきた意味は大きい（天童 2004 p.150）。とはいえ，妊娠・出産の高度医療化を前にして，女性やカップルがいったん医療の対象となると，その医療技術のルートから降りにくくなるとの指摘もある（柘植 2012）。幸福な家族像には子どもの存在が欠かせないといった一元的な「家族幻想」と，不妊治療の選択が結びつき，「女性ならば産む努力をすべき」といった圧力に転嫁してしまわぬよう，女性の自己決定への十分な配慮が求められる（柘植 2012，荻野 2014，天童・加藤 2016）。

## 4．親役割の取得と親アイデンティティ

### （1）親になること・親であること

　ところで，親になること（妊娠し，出産すること）と親であること（親の役割を遂行すること）は，関連しているが同一ではない。ここでは，生物学的レベルとしてのヒトと，文化的・社会的存在としての人間の子育ての両面から考えてみよう。

　妊娠・出産・哺乳は，動物界ではメス（雌）特有の機能である。生物学的レベルでは，哺乳類としてのヒトにおいて，女性のもつ身体的機能である。一方，人間の赤ん坊は，動物界では例外的に，未熟（生理的早産）な状態で生まれてくる。多くの動物の仔が生後数時間で立ち，歩行するのと比べ，ヒトの赤ん坊は絶えずだれかの世話を必要とし，独り歩きするまでに約1年，また社会的存在としての人間ならではの特徴と

して，社会的・文化的能力を身につけ「一人前」になるまでには長い期間を要する。いいかえれば，ヒトの子は生まれながらにして「手のかかる存在」であり，母親の手のみで育てるには困難をともなうのも当然といえる（柏木 2008，根ヶ山・柏木 2010）。

発達社会学の視点からは，近代社会以前の伝統社会において社会化の機能を担うエージェントは家族に特化されず，仲間集団の年齢階梯的組織や地域の人々などに広がっており，複数の社会的親（「社会的オジ・オバ」など）による子育て環境が維持されていたことが指摘されている。これに対して，近代社会になると教育という特定の社会化機能を担う学校が制度化され，就学以前の社会化の担い手は，家族とくに母親にその役割が集約されるようになった。その結果，近代の養育構造の典型として，子どものまわりに多くの養育担当者が存在する形のマルティプル・ペアレンティングではなく，母親のみに養育役割が集中する単相的な子育て環境が構造的に生み出された（渡辺 2000 pp.46-58）。

つまり，近代以降，母親以外の育児の担い手が後方に退き，子育ては母の役割として特化されたことが，現代に至る子育ての困難の背景要因の一つとなっているといえよう。

### (2) 母アイデンティティの拡張

現実の子育ての場面では，母親たちの深刻な悩みと孤立がある。母役割の過度の強調や「育児は母親の責務」との考えが，子育て期の女性たちをストレスフルな育児の閉塞に陥らせることも少なくない。

矢澤澄子らが社会学的視点から行った，都市部の母親調査に基づく分析によれば，育児専業の母親たちの多くが，母であること（母アイデンティティ）を自己アイデンティティの中心に据え，子育てに集約的にかかわりつつ，子育てだけではない自己意識との間で，葛藤とジレンマを

抱えている様相が明らかになっている（矢澤・国広・天童 2003）。

　少し前のものだが，この調査（1999年母親調査）は，横浜市を主な調査地とし，30～40歳代の母親約180人を対象とした質問紙調査である。そこから矢澤らは母親の3タイプを析出し，①父親は「仕事優先」，母親は「育児優先」の「性別役割型」，②父親も母親も「育児と仕事に同じように関わるのがよい」とする「平等両立型」，③父親は「育児と仕事に同等」に関わり，母親は「育児優先」がよいとする「二重基準型」を挙げている。

　その調査結果では，多くの母親が「母であること」を自己アイデンティティの中心にすえ，概ね「幸せな家庭を築くこと」を将来設計の重点課題としていたが，とくに「二重基準型」の母親に，母のジレンマが見て取れるという。母アイデンティティの分析で「二重基準型」のタイプの母親に特徴的なのは，「幸せな家庭」を築き，「子育てを立派にする」といった家族・子ども中心志向の強さであった。すなわち「一家の稼ぎ手」役割は夫の責務としつつ，同時に「育児に積極的な夫」がいることを理想像とし，「子育てを立派に」成し遂げようとする母アイデンティティと「幸せな家庭」志向の強さがみられた。このような母である自分（母アイデンティティ）と「幸せな家庭」志向の拡大は，たとえば「子育てに協力しない・協力できない夫」や「思い通りにいかない育児」といった悩みやつまずきが重なったとき，「母である私」が責務を果たさねばと「母アイデンティティ」を肥大化させ，「失敗しない・失敗できない育児」の重圧を一人抱え込むことになりやすい（矢澤・国広・天童 2003 p.124）。

　現代の孤立化した親の育児状況，閉塞育児は，家族の抱える育児困難を家族内部に閉じ込めて，さらには家族責任を強化するゆえに，親たちの育児の悩みと不安を増幅させることにもなりかねない。そして，過度

の子どもへの干渉，閉ざされた育児環境，限られた子育ての担い手といった育児状況は，子どもの育ちにとっても望ましいものとはいえないのである。

### （3）親役割とはなにか

　本章では最後に，親役割についてまとめておく。親子関係のなかでの親役割は，一言でいえば，子の養育をすることにある。子どもを養い，成長を促し，「一人前」に育てることには，いくつかの側面がある。親の役割を整理すれば，日々の世話（ケア）を通した子どもの身体的・精神的発達を促すこと，社会化・しつけの機能，教育と文化伝達といった養育役割とともに，それらの課題を実行し支えるための，物理的・経済的資源，感情的資源の供与が必要となる。つまり親役割は，社会化，ケア，経済的・感情的資源の提供役割と要約できよう。

　育児資源（育児にかかわる経済的・文化的・社会関係的資源）の不充足は，親役割の遂行に影響し，それはまた，子どもの育ちにも波及する。かつての親族・地域ネットワークの豊かな時代に比べて，人づての育児情報・育児知識といった日常的な文化資源の入手は困難となり，その代替的役割として，前述したように育児メディアが求められた面がある。また，孤立化した育児環境にある現代の親にとって，育児にかかわる社会関係的資源（人的資源）は親役割の遂行に重要な意味をもつ。

　親の役割にもかかわる過去の研究では，妻と夫の役割分化の説明としてパーソンズの「女性－表出的役割」，「男性－手段的役割」との定式化，あるいは，母性原理（包む原理：やさしさ・受容・保護）・父性原理（切る原理：きびしさ・規律・鍛練）の区分でとらえる見方などもあるが，人間形成において，子どものありのままを包含する受容性・包容性と，子どもに社会の規則を教える規範性は，ともに必要なものであ

り，それは必ずしも性別役割と合致しているわけではない。そこで，性別カテゴリーと結び付けられやすい母性，父性にかえて，育児性との表現も提唱されてきた（大日向 1991）。

　本章では，親になる過程を社会化の視点，および「母になること」の意味の変容の観点から整理した。また後半ではとくに，都市環境のなかで子どもを育てる若い母親たちの多くが，ジェンダー化された生活現実において育児責任を一身に背負い，母アイデンティティを拡張させやすいことに論及した。

　親になること，親であることを支える支援は，女性の就労・育児支援にとどまるものではない。男女がともに，市民として，親として，公正な社会参加，ケア参加が可能になる「開かれたシティズンシップ」の議論をふまえながら，これからの子育て支援のあり方を考えていくべきだろう。

### 学習課題

(1) 女性のライフコースの特徴を世代別にまとめ（たとえば祖母世代，母世代，娘世代），女性が親になること，子どもをもつことによってどのような人生の変化があるかを考えてみよう。
(2) 親の役割が，時代とともにそれがどう変わったかを考えてみよう。
(3) ライフコース論の特徴を整理し，家族研究にどのように応用可能かを考えてみよう。

## 引用文献

Brim, O.G.Jr. & S.Wheeler, 1966, *Socialization after Childhood : Two Essays*, John Wiley & Sons.

Erikson, E.H, 1982, *The Life Cycle Completed : A Review*, W.W.Norton & Company. （＝1989，村瀬孝雄・近藤邦夫訳『ライフサイクル，その完結』みすず書房）

Havighurst R.J. 1953, *Human Development and Education*, （＝1995，荘司雅子訳『人間の発達課題と教育』玉川大学出版部）

森岡清美　1996「ライフコースの視点」　井上俊ほか編『ライフコースの社会学』岩波書店，1-9

岩上真珠　2007　『ライフコースとジェンダーで読む家族』〔改訂版〕有斐閣

柏木惠子　2001　『子どもという価値』中央公論新社

柏木惠子　2008　『子どもが育つ条件—家族心理学から考える』岩波新書

根ヶ山光一・柏木惠子編　2010　『ヒトの子育ての進化と文化—アロマザリングの役割を考える』有斐閣

大日向雅美　1991「『母性／父性』から『育児性』へ」　原ひろ子・舘かおる編『母性から次世代育成力へ』新曜社，205-229

荻野美穂　2014　『女のからだ—フェミニズム以後』岩波新書

天童睦子　2004　「少子化時代の育児戦略とジェンダー」　天童睦子編『育児戦略の社会学—育児雑誌の変容と再生産』世界思想社，134-154

天童睦子・加藤美帆　2016「子どもという願望と再生産のポリティクス—妊娠・出産情報誌からみえること」天童睦子編『育児言説の社会学—家族・ジェンダー・再生産』世界思想社，159-182

柘植あづみ　2012　『生殖技術—不妊治療と再生医療は社会に何をもたらすか』みすず書房

矢澤澄子・国広陽子・天童睦子　2003　『都市環境と子育て—少子化・ジェンダー・シティズンシップ』勁草書房

矢澤澄子・天童睦子　2004「子どもの社会化と親子関係—子どもの価値とケアラーとしての父親」東京女子大学女性学研究所，有賀美和子・篠目清美編『親子関係のゆくえ』勁草書房，68-106

渡辺秀樹　2000「発達社会学から見た親子関係」，藤崎宏子編『親と子—交錯するライフコース』ミネルヴァ書房，42-58

# 5 育児不安

田中理絵

**《目標&ポイント》** 子育てに関してはどの親であっても不安をもつものであるが，育児肯定感を上回るほどの育児不安や長期にわたる育児不安は，育児者の心身に緊張感を与えたり，子どもにストレスを与えることになり，問題である。本章では，育児不安が社会問題化しはじめた社会背景と家族構造の変化について概観したのちに，育児不安の先行研究知見をふまえながら，夫婦関係および地域交流と育児不安に関する対策の課題について考える。
**《キーワード》** 育児不安，育児ノイローゼ，夫の育児態度，出産前の育児不安

## 1. 育児不安の登場

　高度経済成長によって急激な産業化・都市化を経験した家族は，一世帯当たりの人員数の減少（家族の小規模化）を経験した。都市部に若い夫婦と子どもからなる地域社会との結びつきが弱い核家族が増えるにつれて，育児に対する母親の感情の変化が見られはじめるのもこの頃であり，1970年代頃から，育児がつらくて仕方がない母親が多く出現してきたのである。「田舎のお母さんに電話して育児がつらいことを伝えたけれども，子育てぐらいで泣くなと叱られた」という話はめずらしいものではなかった。これは，かつての日本女性は母性を備えていたが，高度経済成長期を経て母性が失われたという話ではない。育児環境や育児文化が大きく変わったのである。

ところが，当時はそのことに気付いた人はそう多くなかった。なかでも，育児の最中にある母親たちは，自分の親が自分にしてくれたことがなぜこんなにきついのかと悩んだであろう。当時の祖父母世代は，自分たちが子育てをしているときは三世代同居など大きな家族で暮らしたり，近隣の人びとや近くに住む親族との交流も密であったので，子どもの面倒を見ることのできる大人が複数いた。そのことで若い嫁はたいへんな思いもしたが，ただ，わが子の面倒を母親一人の責任で見なければならないというプレッシャーは少なかったのである。戦後日本の親子関係について調べた渡辺は，高度経済成長期までは，主な育児担当者は祖母であったことを指摘している（渡辺 1999 p.112）。

　実際，表5-1にあるように，育児の楽しさについては世代間の差は見られないが，育児に付随する負の感情（「何となくイライラする」「自分のやりたいことができなく焦る」）は，祖父母世代であるA世代よりも，70年代に子育てを経験したB世代の方が，さらに現在子育て中である若いC世代の方が高い結果になっている。A世代は子育てを終えて孫をもつ時期であることから，良い思い出として育児を捉えている可能

表5-1　三世代の母親の子ども・育児への感情

|  | C世代 31.5歳 |  | B世代 54.0歳 |  | A世代 67.2歳 |
|---|---|---|---|---|---|
| 育児は有意義なすばらしい仕事である | 40.8 | < | 60.0 | < | 74.0 |
| 自分にとって育児は生きがいであり自分の成長にプラスになった | 34.7 | < | 65.7 | < | 78.0 |
| 何となくイライラする | 83.7 | > | 57.1 | > | 34.0 |
| 自分のやりたいことができなく焦る | 69.4 | > | 40.0 | > | 24.0 |
| 育児ノイローゼに共感できる | 59.2 | > | 11.4 | > | 4.0 |
| 育児は楽しい | 42.9 | = | 37.1 | = | 44.0 |

＞＜はp<.01で有意差があることを示す。
出典：柏木恵子・平木典子『家族の心はいま―研究と臨床の対話から』（東京大学出版会）より転載

性には注意が必要であるものの，しかし，「育児ノイローゼに共感できる」の割合の大きな世代間格差には注目すべきであろう。

　産業化・都市化を経た核家族は性別役割分業をベースとしており，父親が主な稼ぎ手であって，母親が主な育児担当者であったから，子育ての責任は母親にのし掛かった。近隣付き合いも少ないので，気軽に子どもをみてもらう人や相談できる相手がいるとは限らない。特に都市部では，子育て経験のある年配女性と知り合いになる機会はまれであったから，育児情報は主に育児書や育児雑誌から得るようになる。孤独な育児環境のなかで，母親はわが子とばかり向き合う時間が毎日続いたわけである。そこで1970年代より，子捨て，子殺し，母性喪失，育児ノイローゼ，育児不安などが社会問題として認識されるようになった。特に，育児ノイローゼの母親が，駅などのコインロッカーへ嬰児を置き捨てるという新しいタイプの子捨ては「コインロッカー・ベイビー」と呼ばれ，『コインロッカーからまた赤ん坊の死体。悪用される手軽さ』などの見出しで，連日，新聞紙面を騒がせた。こうした事件は社会に衝撃を与え，「なぜ，母親が自分の子どもを殺すなどという恐ろしいことが起きるのか」という疑問は，母親の心理状態や社会関係を問題視する研究へとつながり，80年代以降，心理学，社会学，小児医学分野で育児不安に関する研究蓄積がなされてきたのである。

　育児に関しては，どの親であっても「わたしの育児方法で大丈夫かしら」とか「立派に成長するだろうか」「病気になったり，怪我をしたり，事故に遭わないだろうか」など心配はつきないものである。ただし，それが過剰になると，育児者の心身に過度の緊張を及ぼし，子どもにストレスを与える恐れが生じるのであり，これを育児不安と呼ぶ。育児不安の定義は研究者によって異なるものの，「子どもや子育てに対する蓄積された漠然とした恐れを含む情緒の状態」（牧野 1982 p.35）であると捉

えてよかろう。

　育児不安の原因は何か。誰が，育児不安・育児ノイローゼに陥るのか。専業主婦と就労母親のどちらが育児不安になりやすいのか。こうした疑問を解明することで育児不安の原因がわかり，原因が分かれば予防もできるはずだという原因論的アプローチから育児不安研究はなされてきた。その結果，育児不安尺度が作成された。育児者のイライラ感情，不安感を測ることで，深刻な事態に陥る前に母親の心理状態を可視化し，アセスメントができるだろうと考えられてきたのである。なかでも，牧野カツコによる育児不安尺度（表5-2）は，「ストレス」という母親の外部にある要因に注目した点が特徴的である。山根（2000）が指摘するように，それまでの育児不安尺度は子どもに害をもたらす母親の

表5-2　牧野カツコの「育児不安尺度」

| 一般的疲労感 |
| --- |
| ①毎日くたくたに疲れる。②朝，目覚めがさわやかである。 |
| 一般的気力の低下 |
| ③考え事がおっくうでいやになる。④毎日はりつめた緊張感がある。 |
| イライラの状態 |
| ⑤生活の中にゆとりを感じる。⑥子どもがわずらわしくて，イライラしてしまう。 |
| 育児不安徴候 |
| ⑦自分は子どもをうまく育てていると思う。⑧子どものことで，どうしたらよいか分からなくなることがある。⑨子どもは結構一人で育っていくものだと思う。⑩子どもをおいて外出するのは，心配で仕方がない。 |
| 育児意欲の低下 |
| ⑪自分一人で子どもを育てているのだという圧迫感を感じてしまう。⑫育児によって自分が成長していると感じられる。⑬毎日毎日，同じことの繰り返ししかしていないと思う。⑭子どもを育てるためにがまんばかりしていると思う。 |

「よくある」「時々ある」「ほとんどない」「全くない」の4件法で回答。
資料：牧野（1982 p.36），山根（2000）を参考に作成

特性を示すリストであり，問題の根源は母親にあると考える視点からつくられてきた。それに対し，牧野の指標は，育児行為に付随して生じるものとして育児不安を解釈し，母親自身の性格や母子関係の外にその要因を求める視点を与えた。つまり，「お母さんが変わらなくてはいけない」という視点から，そうした状態に陥ってしまったお母さんを支援しなければならないというように，育児不安を考える視点は「個人病理」から「社会病理」へと移ったのである。

## 2. 育児不安のタイプ

　ところで，育児不安といってもその内容は一様ではない。住田は，育児不安に関する先行研究を分類した結果，A)「育児についての不快感情」，B)「子どもの成長・発達についての不安」，C)「母親自身の育児能力に対する不安」，D)「育児負担感・育児束縛感から生じる不安」の4つに分けて育児不安を考えることができると指摘する（住田 2014 p.137)。

　子どもは大人に頼らずに生きることはできない。なかでも特に，乳幼児は言葉を発して自分の状態を伝えることができないので，大人は常に乳幼児をモニターしなければならない。育児者の都合に関係なく，子どもは思うままに泣いているように見えるし，どれだけあやしても泣き止まないこともある。食が細い，熱を出す，腹をこわしやすいなど，親の心配は絶えない。このように思い通りにいかないときに感じるイライラなどの不快感情を，A)「育児についての不快感情」という。

　また，子どもが健康に心身の成長・発達ができるように育児者は気を配らないといけないが，しかし自分の子どもが果たして正常に成長できているのかを確信することは難しい。育児雑誌やインターネットなどか

ら情報を集め，同月齢・同年齢の子どもたちと比較するなどして確認するものの，どれだけ情報を集めてみても，それぞれの子どもには個性があるから安心できない。近年では，胎児の段階から「他のお母さんに比べてお腹が小さい」など心配する妊婦もいる。これが，B)「子どもの成長・発達についての不安」である。

こうした感情は，母親自身の養育能力の不安にも繋がる。たとえば，夜泣きが続いたり食が進まなかったり，成長が遅いように見えるのは，母親自身の養育能力が足りないからではないか，よそのお母さんはもっと上手に育児をしているのではないかと不安になる。これが，C)「母親自身の育児能力に対する不安」である。

また近年は，共働き世帯が増加し，出産前後も育児休業を取得して就労継続を希望する母親が増えている。その一方で，育児に専念する母親は他の女性たちが社会で活躍している姿を見ると社会に取り残された気持ちになったり，育児に対する責任・重圧感を抱くといった，D)「育児負担感・育児束縛感から生じる不安」に陥ることもある。

このように育児不安にはさまざまなタイプがあるが，それだけでなく，社会的雰囲気も考慮にいれなければならない。「育児の責任者は母親である」という言説が強い社会で生じやすい育児不安タイプと，「父親も母親も同等に育児をすべきだ」という理念が強い社会で起きやすい育児不安のタイプは同じではなかろう。そこで次に，夫婦の育児観と育児不安の関係についてみていくこととしよう。

## 3．夫婦関係と育児不安

育児不安に関する研究に共通するのが，育児期の母親にとって夫がキーパーソンであるということである。近年，「育児担当者＝母親」と

いう前提に対して見直しが迫られているものの，しかし実際には依然として母親が主な育児者である。図5-1によると，「母親が主な育児者である」と考えているのは，母親で91.2％，父親では70.0％であり，母親は自分が育児の担当者であると自覚している様子がわかる。「母親と父親が同程度に育児に携わっている」と考えているのは，母親で8.4％，父親で24.2％と意識に大きな差が見られ，母親が思うよりも父親は自分は育児に関わっていると考えている。実際，図5-2をみても，父親は母親が主たる育児者であると認識しつつ，自分自身の子育てに関して「十分である」「ある程度十分である」と63.2％が考えている。

　そうした事態を踏まえて，「夫の家事・育児時間」「夫の育児参加に対する妻の満足度」「妻の育児への夫の理解度」「夫婦間のコミュニケーション度」などを変数として，実際に夫が家事・育児に参加しているかどうか，それをどのように妻が評価しているか，夫婦関係の良好さが母親の育児不安の程度とどのように関係するかなどが多くの研究で明らかにされてきた。それらの調査から，「専業主婦の母親の方が，就業母親よりも育児不安が高い」ことと，「夫が不在の母親に育児不安が高い」という知見が報告されてきた。牧野は「職業をもっている母親の場合，何より時間的忙しさからくる緊張感と疲労感が問題で，育児不安が蓄積される（中略）。これに対して，専業主婦の場合は，生活の単調さと孤独感が育児の自信を喪失させるといってよいだろう」（牧野 1982 pp.69-70）と，母親の就労形態によって育児不安の出所が異なる点へ注意を促す。

　女性のライフコースが変化し，出産を機に仕事を辞めずに，育児休業をとって就業継続を選ぶ女性も多くなってきた。子どもの高学歴化によって教育期間は延びたものの，少子化にともなって一子どもが3〜5人の時代よりも1〜2人しかいない場合は一育児期間は短い。一方で，

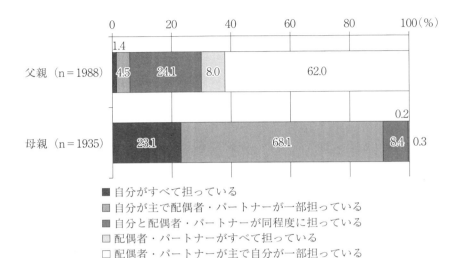

**図5-1 家庭内で子育てを担っているのは誰か**
出典:「子育て支援策等に関する調査 (2014)」三菱UFJリサーチ&コンサルティング (株)

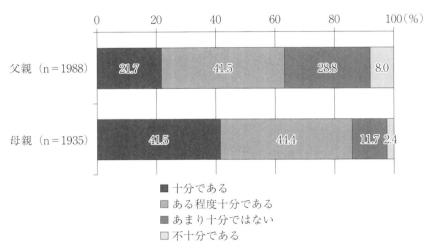

**図5-2 子育ての自己評価**
出典:「子育て支援策等に関する調査 (2014)」三菱UFJリサーチ&コンサルティング (株)

女性の寿命は延びているから，子どもが自立した後も母親自身の生活は長く続く。また，専業主婦になると，多くの場合，夫の稼ぎに頼ることになり，社会的活動が少ない場合は，「～ちゃんのお母さん」「～さんの奥さん」と呼ばれることがアイデンティティの確認となる。生活の単調さと孤独感および社会からおいていかれる不安感，子育てでしかアイデンティティの証明が得られない不安感が，育児不安に繋がるというのも想像に難くない。

　また，日本の父親の育児時間は他国に比べて短く，総務省の「社会生活基本調査（2011）」によると，日本の母親が3時間を超すのに対して，父親は平均39分しかない（第6章参照）。しかも，専業主婦世帯の夫の育児行動率が29.6％なのに対して，共働き世帯であっても夫の育児行動率は32.8％しかなく，あまり差がない[注1]。こうした事態を踏まえて，夫の子育て参加度の高低と妻の育児不安の高低をクロス分析した結果，夫が育児に参加するほど妻の育児不安を低下させているという結果が報告されてきたのである。父親が育児に参加している母親と，ほとんど父親が育児に関わらない母親では，育児に対する肯定感情は父親が育児に参加する母親の方が高く，反対に育児に対する否定感情が高いのは父親が育児にほとんど参加しない母親の方である。

　母親の育児不安について，父親の育児態度・自己評価・育児観，夫婦間のコミュニケーション度と妻の評価・満足度を変数として分析した住田は，以下のような結論を導いている（住田 2014 p.168）

①父親の育児参加の自己評価が高く，母親も父親の育児参加を高く評価していても，夫婦間で育児についての意識に離齬があり，また夫婦間でのコミュニケーションにずれがあれば，母親は育児不安を形成しやすい。

②父親の育児参加の自己評価が低くても，育児について夫婦間でコ

ミュニケーションがあり，育児についての意識が一致していれば，父親の育児参加に対する母親の評価は高く，また父親の育児態度に対する母親の満足度も高く，母親の育児不安は低い。
③父親の育児参加に対する父親の自己評価と母親の評価が異なっていても育児についての意識が夫婦間で一致していれば，母親が育児不安に駆られることは少ない。あるいは母親の育児不安は低い。
④父親の育児参加や育児態度，また育児についての意識がどのようであれ，父親の育児行為を期待・要求することなく，つまり父親に依存することなく，育児をしている母親は育児不安が少ない。

簡単にまとめると，「夫婦ともに育児についてのコミュニケーションが十分とられていると評価し，また育児についての意識・意見が夫婦間で一致している場合は，父親の育児参加・育児行為の実際のいかんにかかわらず，母親は父親の育児態度に満足し，母親の育児不安は低いとなる」（住田 2014 pp.170-171）。ただし，これは主な育児担当者が母親であると夫婦ともに認めている場合の調査結果であるから，これから「夫婦同等に育児には関わるべきだ」という意識が高まれば，こうした結果も変わる可能性がある。

## 4．地域社会と育児不安

以上のように，これまで育児不安研究の中心は夫婦関係にあり，母親をサポートする父親の存在の重要性が指摘されてきた。本節では，さらに地域社会との関係にも視点を拡大してみよう。

家族の孤立化が言われて30年以上経つが，「社会全体が妊娠や子育てに無関心・冷たい」と感じている母親の割合は44.2％，「社会から隔絶され，自分が孤立しているように感じる」母親は48.8％[注2]と，近年も

多くの母親が社会からの孤立感を感じている（子ども未来財団 2004）。

では，近所づきあいがある母親＝孤立感が少ない母親であれば，育児不安の程度は低いのだろうか。厚生労働省の「子育て支援策等に関する調査」（2003）によると，「子どもとの接し方に自信が持てない」と答えたのは，「近所と通常の付き合いがある」母親で53.9％，「より親密な付き合いがある」母親で39.9％であった。また「自分の子育てについて親族・近所の人・職場などまわりの目が気になる」のも，「近所と通常の付き合いがある」母親で43.2％，「より親密な付き合いがある」母親で32.2％であり，近所づきあいが親密なほど育児不安感は低い。

あるいは，「子どもを預けられる人がいる」「子育ての悩みを相談できる人がいる」父親・母親は，「子どもを通して関わっている人はいない」親に比べて，子育てが楽しいと感じる割合（「いつも楽しい」＋「楽しいと感じる時の方が多い」）が高いことからも，孤立した環境では育児不安が高まることが予想できる（図5-3）。

実際，近所づきあいの希薄化が進んでいると言われる現代では，子どもの出産前の夫婦の育児不安感情も高まっている。三菱UFJの2014年調査によると，「子どもが生まれる前，子どもを持つのが不安だった」のは，2002年に29.4％（父親），35.2％（母親）だったのが，2014年には46.6％（父親），50.1％（母親）と大きく増加している。それが出産後にどう影響しているのかを示したものが図5-4（「子どもを持つことの不安の有無別子育ての不安・悩み」）である。「子どもとの接し方に自信が持てない」父親は，不安がなかった人で19.8％（2.2％＋17.6％）であるのに対し，不安があった父親で46.7％（8.9％＋37.8％）であった。また，「子どもが小さいうちは，仕事や自分のやりたいことが十分できない」と考える母親は，不安がなかった人で25.8％（5.3％＋20.5％）なのに対し，不安があった母親では89.5％（49.1％＋40.4％）

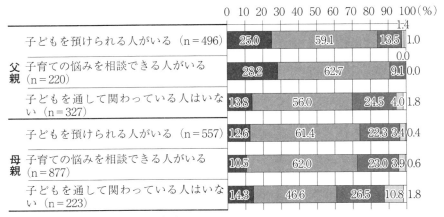

**図5-3 近所づきあいと子育て満足度**
出典:「子育て支援策等に関する調査（2014）」三菱UFJリサーチ＆コンサルティング（株）

と高い。この他に,「親族や職場・近隣など周囲の目が気になる」のも出産前から不安があった父母に高く（不安だった：父親28.4％・母親50.9％, 不安ではなかった：父親15.5％, 母親28.7％）,「子育てについて配偶者・パートナーと意見が合わない」のも同様の結果であった（不安であった：父親36.6％・母親36.6％, 不安ではなかった：父親24.8％, 母親25.8％）。

こうした調査結果から言えることは，今後は，出産後だけでなく出産前の不安にも注目して，育児不安が高い場合には出産前から支援やケアを用意したり，子育てへ備えるゆとりをもつことが重要であろうということである。子どもと同様に，親もまた親モデルを獲得しながら学習し

第5章 育児不安

父親

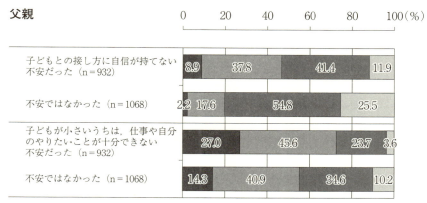

母親

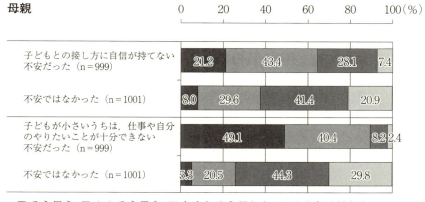

**図5-4　子どもを持つことの不安の有無別子育ての不安・悩み**
出典：「子育て支援策等に関する調査（2014）」三菱UFJリサーチ＆コンサルティング（株）

て親となっていく存在である。近隣の人びと，子育ての先輩である母親や友人，保健師，母子保健推進員など子育て支援・家庭教育支援の人びとと負担を感じない程度にほどよく交流することで，育児に関する刺激を受け，育児ネットワークを形成していくことも育児不安軽減に役立つであろう。そのための社会的支援の方策を模索していく必要がある。

## 》注

1）「6歳未満の子どもを持つ夫の家事・育児関連行動者率」については平成23年の調査結果。なお，家事の行動者率は共働きの夫で19.5％，専業主婦世帯の夫で12.2％と更に低い。『男女共同参画白書 平成28年版』より。
2）それぞれ内訳は，「社会全体が妊娠や子育てに無関心・冷たい」という質問項目について，「非常にそう思う」11.3％＋「まあそう思う」32.9％，「社会から隔絶され，自分が孤立しているように感じる」について，「非常にそう思う」20.1％＋「まあそう思う」28.7％である。

### 学習課題

(1) 育児不安や育児ノイローゼに関する新聞記事を1980年代，1990年代，2000年代と時代順に比べて，その特徴を抜き出してみよう。
(2) 女性の生き方の多様化について，寿命，初産年齢，子ども数，育児期間・教育期間といったライフコースの変化から考えてみよう。
(3) 妊娠中の育児不安を軽減するためには，社会はどのような手立てが用意できるだろうか。福祉の視点から考えてみよう。

## 引用文献

柏木恵子・平木典子　2009『家族の心はいま―研究と臨床の対話から』東京大学出版会

柏木恵子・若松素子　1994「親となることによる人格発達」『発達心理学研究5（1）』72-83頁

財団法人こども未来財団　2004「子育て中の外出時等に関するアンケート調査」

住田正樹　2014『子ども社会学の現在』九州大学出版会

牧野カツコ　1982「乳幼児をもつ母親の生活と〈育児不安〉」『家庭教育研究所紀要』3：35-56頁

山根真理　2000「育児不安と家族の危機」『家族問題―危機と存続』ミネルヴァ書房

渡辺秀樹　1999「戦後日本の親子関係」目黒依子・渡辺秀樹編著『講座社会学2家族』東京大学出版会

# 6 | 父親の育児参加

天童睦子

**《目標&ポイント》** 日本では1990年代以降，父親の育児参加が注目され，「働き方の見直し」「仕事と生活の調和」といった政策的議論も活発になっている。本章では，男女共同参画社会におけるケア役割のあり方を，ケアラーとしての男性，パパ・クオータなど，諸外国の子育て事情にも目配りをしながら考える。また，父親の育児参加をめぐる言説と現実の変化を整理し，「教育する父親」と家族の再生産戦略にかかわる，家庭教育の現代的課題を論じる。
**《キーワード》** 父親の再発見，ケアラーとしての男性，パパ・クオータ，教育する父親，ペアレントクラシー

## 1. 父親の育児参加と「父親」像の変容

### (1) 子育てする父親への注目

　日本では1990年代以降，男女共同参画社会を合言葉に，とくに育児やケア領域における男性の参加が積極的に推進されている。2000年代には，社会政策やメディアの場で，育児や子どもの教育にかかわる父親像の提示が目立ち始めた。政府は，2010年の育児・介護休業法の改正に合わせて「イクメンプロジェクト」を立ち上げ，国や地方自治体主催のさまざまなイベントを開催し，父親の育児参加の啓発運動を展開している（石井クンツ 2013）。また出版界では，父親向けの育児メディアが登場するなど，仕事ばかりでなく家庭や子育てに積極的に関与する父親

像が広がりをみせている（高橋 2016）。

　戦後の高度経済成長期以降，性別役割分業型の近代家族が一般化し，80年代には，育児専業の母親の孤独な子育て状況，育児ストレス，母子密着といった問題が浮上した。男性の積極的な育児参加を求める声は，母親たちの閉塞的な育児状況から生み出されてきたものでもある。

　本章では，第一に育児と社会化にかかわる父親研究の動向を整理し，第二に，ケアラーとしての男性，北欧の父親たちを支える制度（パパ・クオータ制）などに目配りをしながら，ジェンダー平等な育児の課題を考える。第三に，育児メディアの分析をふまえて，父親の育児参加をめぐる言説をたどり，現代の家庭教育の課題に論及する。

## （2）父親の「再発見」と父親研究

　家庭教育にかかわる学術的分野として，社会化研究に目を向けると，20世紀後半の心理学，教育学や社会学における社会化研究では，父親の子育てについて十分に論じられない時期があった。柏木惠子は，発達心理学の母子関係に焦点をあてた理論的展開と，子育ての実質的な担い手は母親という現実の強調が相乗的に働き合って，「母親」を前提とした研究が主流を占めていたと指摘する（柏木 2001）。ほぼ同様の傾向は社会学，教育学の研究分野にもあてはまり，子育ての担い手としての父親は，いわば「忘れられた存在」であった。家族や社会化研究において父親への注目が増していくのは，日本では1990年代以降のことである。

　「父親の再発見」に貢献した研究を遡れば，代表的なものしては，アメリカの発達心理学者ラム（Lamb, M.E.）の「子どもの発達における父親の役割」（1976）が知られている。日本での90年代以降の父親研究としては，牧野カツコら（1996）による学際的研究がある。牧野らは「日本でのそれまでの父親研究の乏しさ」の背景として，日本において

母なるもの，母子関係への関心がいかに強かったか，またフロイト，ボウルビィらの発達理論の影響の大きさを指摘し，性別役割分業意識と，母性神話や「3歳までは母の手で」という3歳児神話が，母と子を閉塞状況に追い込んできたことを示唆した（牧野・中野・柏木編 1996）。

その後90年代末からは，家族社会学や発達心理学，子ども研究の分野を中心に，父親の育児参加，育児ネットワーク，育児支援に関する研究などが進み，また政策の場においても，育児する父親への注目度が高まっている。

では家族関係，あるいは家庭教育の文脈で，父親はどう位置付けられてきたのだろうか。その変容をみよう。

### (3)「権威としての父親」像から「ケアラーとしての父親」像へ

家庭教育にかかわる父親論を振り返ると，それには大きく二つの流れがある。一つは，母親とは異なる父親の役割を重視し，とくに父親の権威を強調する父親論，もう一つは固定的な性別役割分業観にとらわれない，新しい父親論である。

男性のライフコースについて述べる多賀は，「男は仕事，女は家庭」という性別役割分業や「一家の稼ぎ手」としてだけの父親は，理念においても実態としても主流ではなくなっているとし，戦後の父親言説の流れを，「権威としての父親」と「ケアラーとしての父親」の二つで整理している。

「権威としての父親」言説は，戦前・戦中の時期だけでなく，戦後も繰り返されてきたものである。戦後の民法改正によって家長としての父親の権威的地位が法的根拠を失ったのに加えて，高度経済成長期以降，男性の雇用労働者化が本格化した時期に，失われた父親の役割，教育における「父性的」な側面をいかに回復するかが議論された。多賀によれ

ば，このような「権威としての父親」言説は70年代半ば以降に広く流布し始めたが，その背景には，家庭における「父親不在」が顕在化したこと，60年代から幾度となく社会問題化された少年非行の原因を説明する言説として，さらに90年代の少年の凶悪犯罪が取りざたされる中，「父親の権威」の喪失が問題とされ，社会化の担い手としての父親独自の役割が主張されたという（多賀2006 pp.122-128）。

　一方，「ケアラーとしての父親」言説は，子育てに積極的に関わる「新しい父親」像である（矢澤・天童2004）。従来の「男は仕事，女は家事・育児」という固定的な性別役割分業を見直し，父親も母親と同等に，子どもの社会化役割を担うことを提起する父親論で，80年代半ば頃から登場し，その後の子育て支援政策などでも注目されている。

　「ケアラーとしての父親」言説が広がりを見せた背景としては，女性のキャリア継続志向の高まり，政府の男女共同参画社会と少子化対策への取り組み，そして80年代に男性の市民運動が提起した，仕事中心の生き方を問い直し男性の育児参加を権利として見直す視点（男も女も育児時間を！連絡会など）が，一般の男性たち，父親たちに共有され始めたことである（多賀2006）。また，前述した学問分野での父親研究の展開，すなわち父親による乳幼児の世話が子どもの発達を促し，母親の育児不安・負担を軽減し，父親自身の生涯発達を促す傾向があるといった研究の登場もあった（牧野ほか編1996）。

　そして2000年代には，「育児をする父親」が一層脚光を浴びる時代となった。育児を楽しむ新しい父親像，「イクメン」（若者ことばのイケメンをもじった語で，育児する父親・男性の意味）は2010年の流行語となり，日本政府もその用語を取り入れてプロジェクト化を図り，男性の育児参加の政策的後押しの姿勢を見せている。

　2000年代の父親研究としては，矢澤澄子ほか（2003）の都市部の父

親調査をもとにした「父親の変容とジェンダー秩序」の論稿，上述の多賀（2006）による男性のライフコース研究，大和ほか（2008）の家族社会学的アプローチなどがある。

　矢澤らは，家族における子育てという場面で，女性が主に子どもの世話をし，男性が父親であるにもかかわらず，ケアラー（他者の世話を担う人）になりにくい性別分業の現状を問題にする際には，それらを家族や夫婦の問題として他と切り離して論じるのではなく，現代日本のジェンダー秩序（性に基づく社会的文化的序列と差異化の全体メカニズム）とどうかかわるかの考察が重要であるとする（矢澤・国広・天童 2003 pp.139-140）。

　家族社会学などの研究領域においても，フェミニズムの影響を受けた家庭内性別分業に対する批判的視点の浸透や，「父親の育児参加」言説の正当化を背景として，父親の子育てに関する社会学的研究は，2010年代以降も展開と蓄積を見せている（多賀 2011，石井クンツ 2013，高橋 2016，工藤ほか編 2016）。

　今日，母親とは異なる父親の役割や父親の権威を強調する言説に代わって，固定的な性別役割分業にとらわれないジェンダー中立的な父母の共同育児，父親のケア参加を積極的に評価・実践する社会動向とともに「ケアラーとしての父親」言説が主流になってきたといえるだろう。

## 2．ケアラーとしての父親

### （1）父親の育児権利の保障とパパ・クオータ制

　ケアラーは世話（ケア）する人の意味である。育児，介護，他者の世話といったケア役割を女性の性役割に限定せず，男女が分かち合う重要な役割としてとらえ直したとき，ジェンダー変革的な新しい男性像とし

て,「ケアラーとしての男性（men as carers）」像が見えてくる。その先駆的取り組みは，すでにEUの男女平等政策に見られるものであった。

1990年代までにEUの男女平等政策では，保育者になることも含め，男性がケアラーになる方向が支持され，それに向けた政策目標が明示されていた。

舩橋惠子によれば，EUの政策提言グループの一つ「保育ネットワーク」において1986年から96年の間に，男性の育児推進についての研究報告を含む優れた研究発信がなされたという。とくにジェンダー平等主義的な「新しい父親像」の提示に特徴があり，なかでも北欧の男性研究の特筆すべき点として，男性の育児休業取得を進めるために次の5つが示されている。①独立した個人の権利であること（世帯単位ではない），②母親には移譲できない期間の設定（パパ・クオータ），③柔軟な枠組み（全日型だけでなく部分型を含み，多様な設定が可能であること），④子どもの生後6か月ぐらいから男性が取りやすいような配慮（授乳との関係），⑤高水準の収入補填制度の整備である（舩橋2006）。

パパ・クオータ制度とは，育児期にある父親専用の割り当て休業制度である。クオータ（quota）は割り当てを意味し，パパ・クオータは母親には譲り渡せない父親の権利とされ，もし父親が休業制度を利用しなければ権利の放棄となるため，その導入によって父親の育児休業取得が広がった。北欧ではこのような方向に沿って，1993年にノルウェーで，95年にスウェーデンで，パパ・クオータが導入されている。

### （2）父親の育児参加：世界の動向，日本の現実

スウェーデンの育児政策では，男性が育児にかかわる権利の保障の視点から，出産前後の両親教育プログラムのなかに「父親教育」が組み入れられ，育児休業中の男性が孤立しないように父親のネットワークづく

りの支援もなされている。舩橋の整理によれば，スウェーデンの育児・家族政策は，1．子どものいる世帯といない世帯との生活条件の平等，2．両親がともに職業と家族的責任とを両立できる機会を与えること，3．（ひとり親，子どもの障がいなど）弱点のある家族に特別な支援をすること，が挙げられており，普遍性の原則と個人の権利にもとづく手当，保険，福祉政策の充実がある（舩橋 2006 p.202）。

　では，日本で北欧型の男性の育児参加を可能にするシステムや職場風土が速やかに構築できるかといえば，答えはそう簡単ではない。

　たとえば国際比較調査から父親の育児の現実を見ると，日本の男性たちの育児関与は限定的である。「家庭教育についての国際比較調査」（2005 年）は，日本および韓国，タイ，アメリカ，フランス，スウェーデンの 0 歳から12歳までの子どもをもつ親を対象としたものであるが，同調査の結果では，日本の男性と他国の子ども・子育てへの向き合い方の違いが際立つ。たとえば，「子どもの食事の世話」をだれがするのかで，日本は「主に母親」が 8 割を超え，他国に比べても高く，「主に父親」は2.5 ％と最も低い。また「平日子どもと過ごす時間」では，日本と韓国の父親の「子どもと過ごす時間」の少なさが際立っている（牧野ほか 2010）。

　育児関与時間の少なさは他のデータからも明らかになる。総務省の「社会生活基本調査」（2011 年）をもとに，6 歳未満児のいる男性（父親）の家事・育児時間をみると，日本の男性の家事関連時間は一日当たり67分で（うち育児時間は39分），他の先進国の父親データに比べて低水準にとどまっている（内閣府『男女共同参画白書』平成28年版）。

　育児休業取得率の変化はどうだろうか。日本で育児休業制度（子どもの養育のための休業制度）が成立したのは1991年，翌92年 4 月から施行され，95年に一部改正され「育児・介護休業制度」となった。育児

休業制度は，男女ともに取得できるものではあるが，育児休業を取得した女性は81.5％，男性は2.65％（2015年）であった。90年代に比べれば（1999年　取得した女性56.4％，男性0.42％），男性の育児休業取得率は上向きとはいえるものの，未だ少数派である。

　厚生労働省の「第1回21世紀出生児縦断調査」（2010年）によれば，調査対象となった子どもの父親のうち45.2％が育児休業について「制度はあるが取得しない」と回答し，その理由として「職場の雰囲気や仕事の状況から」（49.0％），「妻が育児休業をとっているから」（20.6％），「経済的なことから」（14.5％）などとなっている（厚生労働省 2012）。

　天童による子育て期の父親のケーススタディでは，「もっと子育てにかかわりたい」と思いながらも，「依然として父親の収入が家計の中心であり，多くの会社が子育てを行うことを前提とした規定や制度を整えていない」（30歳代，子ども1人，妻は常勤），「夫婦共働きで，必然的に父親のかかわりが必要となっているが，職場では残業せずに保育園の迎えに行ったり，子どもの病気で休むことに冷たい目を向ける人がいることも感じる」（40歳代，子ども2人，妻は常勤）といった声があった（2005年調査）。妻からの，また社会からの「父親の育児参加」を求める声に応えようにも，参加を現実にするだけの時間的余裕や，家庭生活を支える社会システムの整備は十分ではない。そのなかで，父親たちのジレンマを取り除き，父親の参加を具現化する制度的，システム的変革とともに，男性・父親を「親であること」から遠ざける支配的な育児コードを変革する日常的実践もまた求められている（天童 2007 pp.73-74）。

### （3）「ケアラーとしての父親」とワーク・ライフ・バランス

　「ケアラーとしての父親」への志向を現実化するには，どのような政

策が必要であろうか。労働時間短縮，父親の育児時間の義務化など，男性のケアを可能にする制度的条件の整備がまず必要である。子育て支援の政策は，母親をケアラー専従にしない仕組みと組み合わせて，男女がともに市民社会の生活者として子育てにかかわる権利保障（ケアの権利保障）の観点から検討されなければならない。

政府が2007年ころから注目する，ワーク・ライフ・バランス（仕事と生活の調和）は，女性だけでなく男性も含めた公的な職業生活と私的な生活の双方を充実させた生き方を指している。この取り組みは，企業にとっても，ワーク・ライフ・バランスの提供による従業員の就労意欲の向上，働きやすい環境の整備が能力ある人々の就労継続にプラスの効果をもたらすとの指摘もある（大沢 2006）。

また，個人生活レベルでも，価値の多様化の時代にあって，「もの」よりも「心の豊かさ」や，個人生活（趣味，余暇，プライベートな時間）を重視する人々にとっては，まずライフ（人生・生き方）が先に来る「ライフ・ワークのバランス」感覚が生まれつつあるといえよう（天童 2017 p.38）。

## 3.「父親の育児参加」言説と「教育する父親」

### （1）育児言説と父の変容—育児への協力から参加する父親へ

次に，「育児観と子ども観の変容」（本書第3章）で述べた育児言説の変化をふまえて，「父親の育児参加」をめぐる言説の変容を考えてみよう。

育児言説は，「育児にかかわることばの束」であり，社会と文化において語られたこと，書かれたものを指す。育児言説の分析という手法は，一般の人々によって慣習的に共有されてきたことば，社会政策的文

言，メディアによって形成され方向づけられた情報などを丹念に読み解くことで，社会の変化を浮き上がらせる（天童編 2016）。

　この育児言説の視点から，日本の育児メディア（育児書，育児雑誌など）を分析した天童らの研究によれば，父親の育児参加への言及は，1960年代末の育児雑誌登場期から見られるものであった。たとえば，育児雑誌の記事では「うちのパパの育児への協力度」（『ベビーエイジ』1970年7月号）など，父親の育児への「協力」が「近代家族」の理想イメージとして登場していた。「協力」にかわって「父親の育児参加」が雑誌メディアで顕著になるのは90年代以降で，「仕事第一の昭和パパ，二人で育児の平成パパ」（『ベビーエイジ』1990年8月号）とのカテゴリー化のもとに，「二人で育てる」育児スタイルが志向されるようになった。このような動向をまとめるならば，90年代は育児メディア界では稼ぎ手役割だけではなく，ケア役割も分かち合う「新しい父親像」が広がりを見せた時期といえるだろう（天童編 2004）。

### （２）2000年代型育児メディアと「教育する父親」

　2000年代に入り，育児メディアには新たな展開があった。それまで一般的な育児メディアは主に母親読者を想定したものが主流であったが，とくにビジネスマンの父親を意識した家族向けの育児・教育雑誌が登場した。代表的な雑誌としては，『日経Kids＋』（2005年創刊：日経BP社），『プレジデントFamily』（2005年季刊誌として創刊，2006年7月より月刊化：プレジデント社）などがある。また，幼児から小学生低学年までの年齢層の子どもをもつ親向けの育児情報誌は，90年代までには目立つことはなかったが，2000年代には『edu』（2006年創刊：小学館），『アエラwith Kids』（2007年．季刊誌：朝日新聞出版）など，家族向け育児・教育雑誌の創刊が相次いだ。

これらの育児・教育メディアが既存の育児情報誌と大きく異なるのは，読者層として父親を明確に意識し，「子育てと教育に積極的に参加する父親」像を記事内容に多分に織り込んでいる点である．その背景には「父親の育児参加」を求める声への対応だけでなく，「家庭の教育力」や家族責任を強調する社会動向があると思われる（天童編 2016）．

　2000年代型の育児戦略をもたらした一つの要因は，格差社会の言説にあるといえよう．グローバル化の競争の激化を肌で感じるビジネスマンとその家族において，子どもの産育と戦略に敏感に反応した親たちのなかには，子どもの「成功」を願い，幼少期からの教育投資，子どもへの関心・配慮・励ましといった感情投資を含む文化資本の導入戦略に駆られる層が登場したのである．

### （３）「戦略としての父親」と家庭教育への関心の高まり

　父親向け雑誌メディアの比較分析によれば，「お父さん，出番です」を謳い文句に出版された『日経Kids＋』のコンセプトは，「子どもと一緒にOFF生活を楽しむ」であり，「遊び」「学び」「健康」を柱とした誌面構成であった．また『プレジデントFamily』は，ビジネス誌『PRESIDENT』の読者層を意識して，ビジネスマンの父親の家庭を念頭に，子育てや教育の情報提供誌として編まれ，身近な話題を「父親目線」で取り上げるというものであった（高橋 2016）．

　両誌に共通するのは，父親の子どもへの教育的関与の正当化であり，母親にはできない「父親ならでは」の貢献といった言説の生成である．

　前述した「父親研究」の展開を振り返れば，家族社会学や社会化研究を中心に，従来の父親の育児研究は，乳幼児期の子どもの世話への父親の関与が，子どもの知的・情緒的発達を促すとともに父親自身の自己肯定感を高め，母親の育児負担や育児不安を軽減する，ポジティブな効果

を実証的に示してきた（柏木編 1993，牧野ほか編 1996）。

　また，ケアラーとしての男性研究（舩橋 2006）や，近年のワーク・ライフ・バランス研究は，男女ともに働き方を見直し，家庭生活の充実を図る男女共同参画型社会を目指す社会の気運とも合致している。それらの研究成果が示すのは，旧来型の固定的性別役割分業の問い直しである。たしかに，「父親の育児参加」が男女共同参画社会の形成と進展につながる可能性は大きい。

　他方，「父親の育児参加」言説の強化がもたらすもう一つの面にも目を向けねばならない。それは閉じた「再生産戦略の個人化」に向かう「教育する父親」像の過度の強調である。

　2000 年代型父親向けの育児・教育雑誌の記事分析を行った高橋（2016）は，父親が子育ての新たな「主体」として「呼びかけられる」言説空間においては，一見ジェンダー平等志向に見えながらも，実のところ既存のジェンダー体制と階層構造の再生産に寄与する父役割の「再強化」に転じるという父親の「主体化」の逆説を論じている。

　つまり，そこには，グローバル化と新自由主義の加速を背景に，格差社会を生き抜こうとする子育て期家族の危機感と背中合わせの「家庭の自己責任」論の強化があり，家族格差（家族の経済的・文化的格差）と密接にかかわる階層再生産を企図した教育戦略に駆られる層において，「教育する父親」への注目が増したとみるべきであろう（天童・多賀 2016）。

## 4．ペアレントクラシー時代の育児戦略

　このような「再生産戦略」にかかわる家庭責任論の強調とあいまって，2000 年代型育児メディアの言説に表れた「教育熱心な家族」の姿

は，ペアレントクラシー時代の育児戦略と呼ぶことができる（天童編 2004 pp.134-137）。現代の家庭教育の論議にもかかわる教育社会学の鍵概念，メリトクラシーからペアレントクラシーへの変化を整理しておこう。

### （1） メリトクラシーからペアレントクラシーへ

メリトクラシー（meritocracy）は，子ども自身の能力や努力次第で，社会的地位が決定するという考え方である。イギリスの社会学者M.D. ヤングが貴族による支配（aristocracy）になぞらえた造語で，能力主義・業績主義を意味する（Young 1959）。かつての伝統社会における，身分や家柄で社会的地位が決まる属性主義とは異なり，理念的には「個人の能力や業績主義を基準とする自由競争の選抜原理」と整理できよう。

日本では，能力についての平等意識や，勤勉・努力を尊重する心性，学校や職場における継続的な競争への参加圧力を背景に，欧米よりも深いメリトクラシーの内面化がみられるとの見方がある（竹内 1995）。そして，戦後から高度経済成長期にかけて，産業構造の変化に伴い雇用者比率が著しい上昇を示す中で，子どもにできるだけ「よい教育」をして，将来「よい職業」に就かせたいとする親の教育意識が一般化していった。

一方，現代の家庭教育に熱心な親の意識と教育戦略を支えるのはペアレントクラシー（parentocracy）のイデオロギーである。ペアレントクラシーは，親の財と意欲が子どもの教育達成を左右するとの考え方で，教育社会学者P. ブラウンは，イギリスの教育の歴史的変遷をたどりながら，19世紀末から20世紀半ばをメリトクラシーの登場と興隆期，1970年代以降をペアレントクラシーの時代と捉えた（Brown 1990）。とくに80年代後半のイギリスは，教育改革に象徴される「教育の市場

化」と「親の選択肢の拡大」が進んだ時期であった。

　日本にあてはめれば，1980年代から90年代に顕著となる格差社会，グローバル競争，新自由主義下の自己責任の社会的論調のなかで，家族の自己責任，親の家庭責任・教育責任が再認識されたといえるだろう。

　メリトクラシーが（子どもの）「IQ＋努力＝能力（merit）」の図式で示されるとすれば，ペアレントクラシーは，「親の資源（resource）＋選好（preference）＝選択（choice）」と表現できる（Brown 1990；天童編 2016 pp.131-132）。親の資源（経済力や文化資本）と，親の選好・意欲が，子どもの将来を左右するとの考え方は，社会に構造化された不平等，すなわち経済格差，教育格差，文化格差の議論と深くかかわっている。

## （2）教育戦略としての家庭教育

　このようなペアレントクラシー時代の戦略的な「家庭教育」の具現的事例として挙げられるのが，上述した2000年代型の育児・教育情報誌である。父親向けや家族向けとされる育児・教育メディアのうち，とりわけ「家庭教育」重視志向の誌面に表れるキーワードに含まれるのは，「できる」「勝つ」「差をつける」といった文言であり，そこには教育戦略としての「家庭教育」の焦点が，教育達成や職業達成を見据えた卓越化（distinction）の側面に当てられていることがうかがえる（Bourdieu 1979，天童・多賀 2016）。

　「我が子の子育てと教育に積極的に関与する父親」像が，「教育する家族」の育児戦略と結びついたとき，我が子中心主義ともいうべき「再生産戦略の個人化」となりやすい。「父親の育児参加」の正当化のもとに，母だけでなく父親も我が子の「よりよい子育て」に集中し，家族責任としての子育ての私事化を加速させていくならば，それは父親の参加

によって，社会により開かれた育児状況に向かうのではなく，個々の家庭の生き残り戦略を目指す，閉ざされた教育家族の再生産と再強化に陥りかねないことに，留意すべきであろう。

ただし，すべての家族が格差社会を生き抜く戦略を企図し，それを可能にするような経済的・文化的資源を保持しているわけではない。つまり，2000年代型育児メディアの言説から浮上する戦略と言説は，特定の社会階層の家族に偏って配分され，受容され，獲得されている育児知識の伝達という，社会階層の新たな固定化と不平等の再生産の一面をあぶり出すのである（天童編 2016 pp.39-42）。

## 5. ジェンダー平等と子育て支援の課題

本章の前半では，ケアラーとしての男性と男女共同参画社会の実現の重要性について述べ，後半では父親の家庭教育への関与が，ジェンダー平等なポスト近代家族の男女共同育児の推進に直結するかと言えば，ことはそう単純ではなく，格差社会のなかの家族と子育ての困難を含む議論が重要であることを指摘した。

「父親の育児参加」の検討から導き出される家庭教育の現代的課題として，二つの権利保障の視点を挙げておきたい。一つは，子育ての当事者である男女の生活現実が，子育て期のシティズンシップの十全な保障のもとにあるか（ケアする権利の保障），もう一つは，子ども自身の「育つ」権利が十分に保障されているか（子どもが育つ権利の保障）という，子育てしやすい社会に向けた二重の権利保障とその実践である。

シティズンシップ（市民の権利と責任）としてのケアは，市民社会の構成員にとっての基本的権利の一つである。それゆえ，母親だけでな

く，父親の「ケアの権利」を市民社会の法制度，職業生活，家庭生活のなかに位置付けることが肝要であろう。子育て期の男性が「ケアラーとしての父親」であることを日常化する，職場の環境づくりや企業文化の変革が求められる。

　もう一つは，「子どもの最善の利益」に根ざしたケアの保障である。ともすれば，政策としての「子育て支援」の議論は子育ての当事者としての親支援が念頭におかれやすい。しかし，親にとっての子育て支援だけでなく，子どもの「育つ権利」を中心にすえた，いわば「子育ち」の権利の視点が不可欠ではなかろうか。家族の多様化の時代にあって，「子どもの育つ権利」の尊重と保障を明示し，きめ細やかな「子育ち支援」の実現が図られる必要があろう。

　そして，現代の親中心的な見えない「教育戦略」にからめとられがちな家族にとっては，目先の「優劣」や「勝敗」に一喜一憂するような子育てのジレンマに陥ることなく，親自身が「親になる」プロセスを楽しみ，子育て期というケアの実践を通して温かい人間性や，生活者としてのもう一つの価値志向に気づくことのできる，生涯にわたる学びの保障もまた欠かせない。

　子どもを育むという広義の教育（ペダゴジー）の実践は，子どもの教育だけでなく，親になること，親であることという再生産の営みから立ち上がる，大人にとっての人間的な「生きる学び」の創造とも結びついている。父親の育児の検討を通して，子育て期という再生産の領域から，すべての子どもの未来を育む，ジェンダー平等な新たな公共圏の議論を深めていこう。

### 学習課題

(1) 父親の育児参加を促進するための社会的課題を整理してみよう。
(2) 北欧など諸外国の男性の育児休業取得率の推移を調べ，どのような変化があったか，考えてみよう。
(3) 日本の男性の生活構造とその特徴を整理し，男性が親になること，子どもをもつことによって，どのような人生の変化があるかを考えてみよう。

### 引用文献

Bourdieu, Pierre, 1979, *La distinction*, Editions de Minuit.（＝1989，1990，石井洋二郎訳 『ディスタンクシオン―社会的判断力批判Ⅰ・Ⅱ』藤原書店）
Brown, Philip, 1990, "The 'Third Wave': Education and the Ideology of Parentocracy", *British Journal of Sociology of Education*, vol.11, No.1, 65-86.
舩橋惠子　2006　『育児のジェンダー・ポリティクス』勁草書房
石井クンツ昌子　2013　『「育メン」現象の社会学―育児・子育て参加への希望を叶えるために』ミネルヴァ書房
柏木惠子　2001　『子どもという価値』中央公論新社
柏木惠子編　1993　『父親の発達心理学―父性の現在とその周辺』川島書店
工藤保則ほか編　2016　『〈オトコの育児〉の社会学』ミネルヴァ書房
牧野カツコ・中野由美子・柏木惠子編　1996　『子どもの発達と父親の役割』ミネルヴァ書房
牧野カツコほか編　2010　『国際比較にみる世界の家族と子育て―子育てに関する親の意識・実態と今後の課題』ミネルヴァ書房
大沢真知子　2006　『ワークライフバランス社会へ―個人が主役の働き方』岩波

書店
多賀太　2006　『男らしさの社会学―揺らぐ男のライフコース』世界思想社
多賀太　2011「教育するサラリーマン―チューターとしての父親像の台頭」多賀太編『揺らぐサラリーマン生活―仕事と家庭のはざまで』ミネルヴァ書房，127-157
高橋均　2016「2000年代型育児雑誌にみる父親の『主体化』」天童睦子編『育児言説の社会学―家族・ジェンダー・再生産』世界思想社，78-113
竹内洋　1995『日本のメリトクラシー―構造と心性』東京大学出版会
天童睦子編　2004『育児戦略の社会学―育児雑誌の変容と再生産』世界思想社
天童睦子　2007「家族格差と子育て支援―育児戦略とジェンダーの視点から」『教育社会学研究』第80集，61-83
天童睦子編　2016『育児言説の社会学―家族・ジェンダー・再生産』世界思想社
天童睦子　2017『女性・人権・生きること―過去を知り未来をひらく』学文社
天童睦子・多賀太　2016「『家族と教育』の研究動向と課題―家庭教育・戦略・ペアレントクラシー」『家族社会学研究』No.28（2），224-233
大和礼子・斉出節子・木脇奈智子編　2008『男の育児・女の育児―家族社会学からのアプローチ』昭和堂
矢澤澄子・国広陽子・天童睦子　2003　『都市環境と子育て―少子化・ジェンダー・シティズンシップ』勁草書房
矢澤澄子・天童睦子　2004「子どもの社会化と親子関係―子どもの価値とケアラーとしての父親」東京女子大学女性学研究所・有賀美和子・篠目清美編『親子関係のゆくえ』勁草書房，68-106

# 7 | ワーク・ライフ・バランスと家庭教育

東野充成

《目標＆ポイント》 子どもを産み育てやすい環境を整えていく上で，働く親のワーク・ライフ・バランスが充実していることが重要である。どのような背景の下でワーク・ライフ・バランスが求められるようになったのか，また育児休業に代表される両立支援策に現状どのような課題があるのか，子育てしやすい社会の在り方を考える。
《キーワード》 ワーク・ライフ・バランス，育児休業，総ケア提供者モデル

## 1. ワーク・ライフ・バランスの現在

### （1） ワーク・ライフ・バランスが求められる背景

　家庭教育の充実を図る上で，家庭の経済的基盤が安定していること，親が子どもとかかわる必要十分な時間が確保されていることが何よりも重要である。ところが，日本の労働者の多く，特に男性労働者の多くはいまだに長時間の勤務に従事している。総務省「労働力調査」によると，30歳代で週労働時間が60時間を超える者の割合は17.0％に達している（平成26年現在）。30代といえば，乳幼児を抱える家庭も多く，子育ての負担が最も重くなる時期である。また，子どもの発達という点から見ても，親をはじめとする様々な他者と子どもが安定的な関係を取り結ぶことが求められる段階である。

　このように，現在の日本の労働者を取り巻く状況は，家庭教育という点から見ても，決して望ましいものとは言えない。子どもをもつ労働者

が充実した家庭生活を営み，また子どもが親と十分にかかわることのできる時間を確保する必要がある。一般に仕事と家庭生活との調和がとれた状態をワーク・ライフ・バランスと呼ぶが（以下WLBとする），親のWLBを確保することが重要となる。

　むろん，WLBが求められるようになったのは，家庭教育という点のみではない。様々な背景が存在する。ひとつは，女性の労働をめぐる問題である。すなわち，長年その解決が志向されているものの，女性のキャリア形成において仕事と育児や家事との両立がいまだ成し遂げられていないこと，特に共働きの家庭において育児や家事にかかる負担が女性に重くのしかかることなど，労働におけるジェンダー間の不均衡を是正する手段として，WLB施策の重要性が唱えられてきた。

　また，男性労働者のおかれた状況も，WLB問題の重要性を喚起する大きなきっかけとなった。そのきっかけとは，日本の男性労働者を取り巻く歪な労働環境を是正するためである。先述したように，日本の男性労働者は現在でもなお，長時間の労働に従事している。また，近年多くの企業で導入されるようになった成果主義型賃金は，労働への圧力を増幅させる作用をもつ。こうした歪な労働環境を是正するため，WLBの充実が訴えられているということが考えられる。

　一方，労働者の側も，仕事一辺倒の生活ではなく，仕事と家事や育児とのバランスのとれた生活を望むようにもなってきた。内閣府が行った「女性の活躍推進に関する世論調査」（平成26年）によると，男性が家事・育児を行うことについて，60％近くの男性が「当然である」と回答している。また，3割を超える男性が，育児休業や育児のための短時間勤務などを利用したいとも回答している。このように，子どもをもつ男性労働者の側にも，仕事と家庭生活とのバランスがとれた生活を送りたいとする意識は確実に醸成されつつある。

そして，こうした労働環境の改善は企業経営にとってもプラスの効果を及ぼすという認識も広まりつつある。長時間労働の是正や有給休暇の取得推進，両立支援，均等施策など労働環境の改善に取り組んでいる企業は，高い採用パフォーマンスを獲得することができ，従業員の企業への定着率も高く，個々の労働者に投資した費用を回収することがたやすいといった認識が広まりつつあるのだ。つまり，WLBには企業経営への貢献という点も期待されているわけである（佐藤・武石2008など）。

ほかにも，WLBには社会全体に対する効用も期待されている。たとえば，少子化対策の一環としてWLB施策を位置づける見方である。男性労働者の生活構造が仕事中心のものから仕事と家庭生活とのバランスのとれたものへと変化すれば，出産行動を促進し，母親の育児負担を軽減することによって，少子化の防止にもつながるといった考え方である。さらに，男性も家事や育児に参加することが当然であるとする意識や行動が醸成されていけば，男女共同参画社会の実現にも寄与するといった考え方も成り立つ。このように，WLBは，少子化対策としての効果や男女共同参画社会を実現するための方途としても期待されているわけである（WLB施策がこうした背景をもつことは，松田（2012）に的確にまとめられている）。

（2）ワーク・ライフ・バランスに関する法制度

こうした社会的背景のもとに，特に男性労働者にWLBの充実を促す法制度も様々に制定されてきた。1995年に日本も批准したILO第156号条約，いわゆる家族的責任条約では，労働者の家族生活へ配慮することが求められている。2005年に施行された次世代育成支援対策推進法では，「次世代育成に取り組んでいる企業」と認定されるためには，「男性の育児休業取得者数が1名以上いること」が要件となっている。

2007年に制定された労働契約法は，労働契約当事者が仕事と生活の調和に配慮した労働契約を締結することを求めている。このように，近年の労働法制を概観してみると，男性労働者も含めたWLBの充実が目指されている。

そして，労働者のWLBを考える上で最も重要な法律は1992年に施行された育児休業法（のち育児・介護休業法）である。同法の第1条には，「職業生活と家庭生活との両立への寄与」が明記されている。2012年の改正法では，父母がともに育児休業を取得する場合，1歳2か月までの間に，1年間育児休業を取得することが可能となった（パパ・ママ育休プラス）。また，父親が子どもの誕生後8週間以内に育児休業を取得した場合，再度育児休業を取得することが可能となった。一方，配偶者が専業主婦（夫）であれば育児休業を取得できないという制度は廃止された。このように，2012年改正法は，明確に父親の育児休業の取得の促進を目指したものだった。

しかしながら，こうした制度が奏功しているかどうかは別の問題である。厚生労働省「雇用均等基本調査（平成26年度）」によると，2014年現在，女性の育児休業の取得者割合は86.6％なのに対し，男性のそれは2.3％に過ぎない。政府の子育て支援策などではよく男性の育児休業取得者の割合を増加させることが目指されているが，ここ数年2％前後で横ばいであり，利用希望者との乖離も大きく，男性の育児休業が普及したとはいいがたい状況である。また，先述の内閣府の調査では，家事・育児を「仕事と両立させることは現実として難しい」と回答する男性の割合も30％弱に達している。総務省「社会生活基本調査」（平成23年）によると，6歳未満の子どものいる夫婦の夫の育児時間は，平均39分にとどまっている。

一方，多くの女性は育児休業を取得しているようだが，女性の場合に

はまた別の問題がある。育児休業終了後の退職者の割合が，男性と比べて格段に高いということである。厚生労働省「雇用均等基本調査（平成26年度）」によると，2012年現在，その割合は10.2％に達し，10％前後で推移している。男性のそれは0.5％程度であり，育児休業終了後そのまま退職する女性が非常に多いことが分かる。もちろん，この中には，育児に専念するために自発的に退職した女性も数多くいるわけだが，後述するように，退職を余儀なくされた女性も数多くいる。また，本人の意に反して，降格等の憂き目に遭う女性もいる。育児休業制度が十分に奏功するためには，休業終了後の復職へとスムーズに移行できるのか，という点も見落としてはならない。

## 2．ワーク・ライフ・バランスをめぐる課題

### （1）仕事への圧力

　では，なぜ日本においてWLB政策が十分に機能していないのだろうか。男性と女性双方の働き方を取り巻く問題から，WLBをめぐる問題を考えてみたい。

　先述したように，現在の制度では，男性にも家族的責任を果たすことが強く求められている。その一方で，男性を仕事へと取り込むような強力な磁場もまた存在する。たとえば，成果主義型賃金制度の導入である。本来仕事の成果によって報酬が決定される成果主義型賃金制度は，労働時間の長短とは無関係である。しかしながら，仕事の成果をはかるものさしをもっていない職場で，結果的に長時間労働をこなしたかどうかが成果の指標とされているところもある。

　これは，成果主義に内在する問題というよりも，その意味が十分に理解されていないことによるものであるが，成果主義型賃金制度に内在す

る．より重要な問題点としては，それが自己責任の原理と表裏一体となっているという点である．東野（2011）では，インタビュー調査をもとに現代のサラリーマンの働き方について分析されているが，その中には「自己責任」や「自助努力」という名の下で，休日も家庭も仕事に浸潤され，「自発的」に仕事へと傾倒していく男性の事例が描かれている．こうした意識が浸透する職場においては，WLBという概念そのものが成立しないのかもしれない．

そうはいっても，男性の中にももっと育児を行いたい，家庭生活を充実させたいと考えている人がいることも確かである．しかしながら，ここにも高いハードルが立ちはだかる．同じく東野（2011）で紹介されている事例では，仕事が忙しすぎて育児休業など考えられないとする人たちがいる一方，「仕事に支障をきたさなければ」「顧客に迷惑がかからなければ」「周囲が認めてくれれば」育児休業を取得できると話す人たちもいる．こうした言葉は当のサラリーマン自身が周囲の状況を忖度して発せられたものであり，育児休業を取得することによって実際に仕事に支障をきたしたり，顧客や周囲に迷惑がかかったりするのかどうかは定かではない．しかしながら，サラリーマン自身がこうした意識を内在している限り，自発的に育児休業を取得することは難しそうである．

このように，男性労働者が育児や家庭教育にかかわりたいと思っても，ままならないという現状がある．政府は2010年に決定した新成長戦略で，2020年の男性の育児休業の取得率を13％にするという目標を掲げているが，こうした目標を掲げること自体にさほど意味はない．むしろ，87％の男性は育児休業を取得しないと政府があらかじめ想定していることの方が大きな問題だろう．より重要なことは，育児や家庭教育にきちんとかかわりたいと考えている男性労働者の労働環境を整えることである．

## (2) 転勤と家庭生活

　男性労働者が育児にかかわることの難しさを示すひとつの例が，転勤をめぐる問題である。国家公務員や全国展開する企業に総合職として入庁・入社した場合，一般的には全国各地への転勤が予定されている。しかしながら，転勤命令が下された時点での家庭生活と転勤とがどうしても折り合いのつかない場合もある。そうしたとき，会社と従業員が転勤のあり方をめぐって紛争に至ることもある。

　帝国臓器製薬事件では（東京地判平成5年9月29日，東京高判平成8年5月29日，最高裁第二小判平成11年9月17日），共働き夫婦の父親の転勤をめぐって，会社と従業員とが争った。従業員側は「充実した家族生活を営む権利」「両親に養育され，健康で安定した家族生活を営む権利」を主張し，転勤命令の無効を訴えた。一方，企業側は「3人の子の日常の育児に関する妻の負担については，（中略）派出婦，保育所等の負担軽減方法の利用が十分考えられる」と代替的な育児が可能であることを根拠に，従業員の主張に反論した。判決では，「転居を伴う転勤は，（中略）労働者に対し経済的・社会的・精神的不利益を負わせるものであるから，使用者は，労働者に対してこのような転勤を命ずるに際しては，信義則上，労働者の右不利益を軽減，回避するために社会通念上求められる措置をとるよう配慮すべき義務がある」としつつも，業務上の必要性があることなどから，無効とは判断しなかった。

　一方，アトピー性皮膚炎を罹患する子どもを抱えた父親の転勤命令が問題となった明治図書出版事件（東京地決平成14年12月27日）では，「女性が仕事に就き，夫婦が共働きをし，子どもを産んでからも仕事を続けることは，実際に就労している世代の国民の間にすでに許容されている今日の社会の状況，男女共同参画社会の形成に寄与すべきことを国民の責務とする男女共同参画基本法の趣旨，少子化社会を克服すべく

「多様な生き方が可能になる社会」,「子どもを育てたい,育てて良かったと思える社会」,「子育てという選択をする生き方が不利にならない社会」等を目指す政府の取組み等に照らすと,債権者の妻が仕事をもっていることの不利益を債権者又はその妻の一方が自らの仕事を辞めることでしか回避できない不利益を「通常の不利益」と断定することはもはやできない」との判断が示された。このように,子どもの看護という事情はあるにせよ,男女共同参画社会の実現や少子化対策の趣旨に照らして,男性の転勤に歯止めをかける判決も見られるようになってきた。

### （3）女性の育児休業は取りやすいのか？

　先述したように,女性が育児休業を取得する割合は,男性に比べて格段に高い。しかしながら,女性の育児休業取得に関しても,様々な課題が存在する。

　まず,法制度上,育児休業は一部の例外を除いてほぼすべての労働者に認められているが,職場によっては,なかなか育児休業が認められないところもある。小林（2011）のルポルタージュでは,こうした実態が描かれている。すなわち,雇用情勢が厳しさを増す中で,妊娠したら解雇された女性や,産前休業が認められる職場にもかかわらず流産した女性などである。また,長年労働相談に携わってきた鴨（2011）によると,妊娠を報告し産休を取りたいと申し出た有期契約労働者の契約解除が横行しているという。こうした事例がすべての職場や労働者に当てはまるわけではないが,労働者の権利が十分に保障されていない現状の一端を垣間見せるものである。

　少し古い調査となるが,厚生労働省の委託を受けて三菱UFJリサーチ＆コンサルティングが2008年に行った「両立支援に係る諸問題に関する総合的調査研究」では,「仕事を続けたかったが,仕事と育児の両

立の難しさでやめた」と回答した女性の割合が26.1％に達している。その内訳は，勤務時間の問題が65.4％，職場の雰囲気が49.5％，自分の体力が45.7％，育児休業がとれそうもないが25.0％となっており，制度や意識の面で両立支援がまだまだ多くの課題を抱えていることがうかがえる。

また，育児休業を取得できたとしても，復職後に元いた部署や希望の部署に付けない，降格されるといった事例もある。有名な事件に，最高裁判所で判断が示された，医療従事者の降格をめぐるものがある（最高裁第一小判平成26年10月23日）。本件の女性労働者は育児休業前リハビリを担当する部署の副主任の地位にあったが，妊娠中に軽易な業務に転換し，副主任を免ぜられた。しかし，育児休業終了後も，副主任を任ぜられなかったことから，争われた裁判である。

降格を不服とした女性労働者の主張に対して最高裁は，妊娠や出産等に関する事由で不利益な扱いをしてはならないと定めた男女雇用機会均等法9条3項の規定を強行規定と解した上で，法人の措置を「本件措置による降格は，軽易業務への転換期間中の一時的な措置ではなく，上記期間の経過後も副主任への復帰を予定していない措置」と述べて，法人の違法性を認めなかった原判決を破棄した。なお，当該判決にあたっては，櫻井龍子裁判官の補足意見がある。

> これらの法令等（育児・介護休業法など。筆者注）により求められる措置は，（中略）我が国の企業等の人事管理の実態と育児休業をとる労働者の保護の調整を行うことにより，法の実効性を担保し育児休業をとりやすい職場環境の整備を図るための制度の根幹に関わる部分である。

いま日本社会に求められているのも，誰もが妊娠や育児にかかる休業

をとりやすい職場環境の整備だろう。

　最後に，こうした実態を裏付けるデータを確認していこう。厚生労働省が発表した「平成26年度雇用均等基本調査」によると，「女性の継続就業に関する支援」や「ワーク・ライフ・バランスを促進させる取組み」を女性の活躍を推進する上で必要と考えている企業の割合は，平成24年度調査結果に比べて着実に増えている（前者が64.6％から67.3％へ，後者が24.9％から37.3％へ）。しかしながら，大企業と中小企業とを比べると，いずれの取組みでも，大企業ほど必要と考える割合が高くなり，中小企業ではこうした取組みが進展していない様子がうかがえる。先にWLBの取組みは企業の業績を向上させるという研究を紹介したが，実際はそもそも経営体力のある企業でしかWLB施策には取り組めないようである。

　さらに，働き方が多様化している中で，雇用形態による差も拡大している。有期契約労働者の育児休業取得率は，前回調査より5.7％上昇し75.5％となったが，女性労働者平均の86.6％とは乖離している。先述の鴨（2011）は，この点を鋭く指摘したものである。このように，大企業か中小企業かだけでなく，働き方によっても，育児休業の取りやすさなどに女性の間で大きな格差が存在することにも注意する必要がある。

　一般的に育児休業制度の課題というと，男性の育児休業がとりにくい，上昇がみられないことが問題視されるが，女性の場合にも多くの課題を抱えていることが分かる。萩原（2006）では，こうした「女性の働きにくさ」が描き出されている。「マタハラ」や「育休切り」といった概念が広まる中で，ようやく女性の出産や育児と働き方の問題にも目が向けられるようになってきた。ただし，ここで注意しなければならないのは，女性の育児問題が注目される中で，再び育児を女性にのみ囲い込もうとする視点が跋扈しないかどうかである。すなわち，女性を育児の

担い手として固定化するような動きには注意する必要がある。問題は，性別や雇用形態，職場の規模などにかかわりなく，育児にかかわりたいと考える誰もが，心置きなく取り組めるような環境を整備することである。

## 3. 子育てしやすい社会に向けて

　現在，少子化対策という名目で，毎年莫大な国費が投入されている。人口は国力の基盤であり，国として総がかりで対策を行うことにも一理ある。しかしながら，あまり奏功していないようだ。奏功していない以上に問題なのは，現に生きている子どもたちやその家庭に対して，国として十分に支援する環境が整っているのかどうかである。まだ見ぬ「子ども」に税を費やすことも重要なのかもしれないが，現に生きている子どもたちやその家庭を支えることは，より重要な社会的課題である。

　国立社会保障・人口問題研究所「社会保障費用統計」（2011年度）によると，日本の家族関係社会支出（児童手当，育児休業給付，就学援助などの総計）の対GDP比は1.35％で，ヨーロッパ諸国に比べて非常に低くなっている。また，これまでに見てきたように，子育てと仕事とを対立するものと捉え，子育てをする人を邪険に扱うような社会的風潮も存在する。まずは，社会全体で子どもや子育てをする家庭を支えるという意識や政策を醸成することが急務だろう。

　その上で，子どもや子育てにかかる政策は，総合的に展開されることが重要である。本章で見てきたように，子育てと親の働き方の問題は密接に関連している。言い換えれば，労働政策や労働法規を子育てしやすい社会に向けてどのように変えていくのかが問われている。むろん，教育政策や社会保障政策と子育てにも強い関連がある。ひとつの家族にお

いて雇用・労働，教育，福祉は一体のものであり，子育てをめぐる複合的な課題に政策が一体となって，どのようにこたえられるのかが問われている。

こうした課題は政府や自治体の努力だけで解決できるものではない。とりわけ，ワーク・ライフ・バランスは企業の取組みなしではまったく功を奏しない。従業員のワーク・ライフ・バランスを確保することは，近視眼的に見れば企業にとっては経営の自由度を狭める「足枷(あしかせ)」となるかもしれないが，一方で優秀な人材を確保し，長期的には「未来の消費者」や「未来の人材」を育てる有意義なプロジェクトでもある。子育て支援は，政策の一体性と同時に，政府と企業の一体的な取組みが求められる分野でもあるのだ。フレイザーはケア労働におけるジェンダー間の不均衡を乗り越える道として，「総ケア提供者モデル」を提起したが（フレイザー訳書 2003），政府や企業もケア提供者の一端であるという視点が求められている。

### 学習課題

（1）日本の家族政策の変遷をまとめ，その特徴を整理してみよう。
（2）企業の両立支援の取組みを調べ，子どもにやさしい企業経営の在り方を考えてみよう。
（3）子育てしやすい社会の実現には，政府・企業・家族がどのような役割を果たし，どんな関係を結ぶのがよいのか，考えてみよう。

## 引用文献

Fraser, N., 1997, *justice Interruptus : Critical Reflections on the 'Postsocialist' Condition*, Routledge（=2003, 仲正昌樹訳『中断された正義—「ポスト社会主義的」状況をめぐる批判的省察』御茶ノ水書房）

萩原久美子　2006　『迷走する両立支援―いま，子どもをもって働くということ―』太郎次郎社エディタス

東野充成　2011「変わる働かされ方，働き方―労働法制の変化と自己責任の論理―」多賀太編著『揺らぐサラリーマン生活―仕事と家庭のはざまで―』35-63頁

鴨桃代　2011「雇用の劣化と家族の現在―労働相談の現場から見える風景―」『家族問題研究』No.36　33-49頁

小林美希　2011　『ルポ職場流産―雇用崩壊後の妊娠・出産・育児―』岩波書店

松田智子　2012「新たなワーク・ファミリー・バランス論に向けて」『佛教大学社会学部論集』第54号　85-100頁

佐藤博樹・武石恵美子　2008　『人を活かす企業が伸びる』勁草書房

# 8 | 家庭教育支援と地域社会

圧中理絵

**《目標&ポイント》** 育児や子育てに関する困難感は，家族の置かれている状況によって増したり軽減されたりする。つまり，外部から支援することで家族（そして何よりも子ども）の状況は改善する可能性が高いのであり，家庭教育支援という福祉・教育の網の目が張られようとしている。ただし，そこには課題や落とし穴もあることを本章では考えてみたい。

**《キーワード》** 家庭教育支援，乳児家庭全戸訪問事業，アウトリーチ，家族のプライバシー

## 1. 子育て家族の孤立

現代日本では，子育ての主な担当者は母親であり，それを母親自身も父親も認めている。これは性別役割分業による家族意識が強く作用している。ところが，女性の生涯賃金だけを見たときに，正規雇用で働くのか，非正規雇用で働くのかによって数千万円の差が生じる[注1]。この差額を「得られるはずであった所得の放棄」であると考えると，世帯所得としてはかなりの痛手となる。ところが一方で，3歳児神話を無視できない親の割合もいまだ高く，内閣府「少子化社会に関する国際意識調査」（2006）によると，「子どもが3歳くらいまでの間は，母親が家庭で子どもの世話をするべきである」という質問に対して，賛成が67.8％（賛成27.3％＋どちらかといえば賛成40.5％），反対は27.6％（反対8.3％＋どちらかといえば反対19.3％）であった[注2]。女性の生き方の多

様化や所得放棄による家計の損失と、「3歳までは母の手で」という神話を天秤に掛けて、これまで女性の働き方・生き方の選択はなされてきた。しかし現在、さらに女性の生き方は大きく変容している。高学歴化と職業選択の拡大、男性雇用環境の不安定さは、性別役割分業意識を薄れさせ、共働き家庭が増加し、育児休業を取得して就労継続を希望する母親（そして父親）が増えているのである。

　図8-1をみると、1987年では、妻に「専業主婦コース」を期待する男性の割合（37.9％）と、出産育児を機に就業を中断して子どもが成長してから再就職するという「再就職コース」を期待する夫の割合（38.3％）は拮抗していたのが、2010年には専業主婦希望が10.8％まで落ち込み、「再就職コース」は38.1％とほとんど変わらない。その代わり、妻の就労継続を意味する「両立コース」が、1987年の10.5％から2010年には32.7％へと大きく伸びている。女性の予定するライフコースも、1987年から2010年への変化を見ると、「再就職コース」が42.2％→33.6％、「専業主婦コース」は23.9％→8.7％へと減少し、「両立コース」は15.3％→23.5％へと上昇している。

　少子化社会になると子どもの養育期間は短くなるので、正規雇用を放棄して出産・子育て後に非正規雇用で仕事に就くよりは、育児期間は大変であっても正規雇用で継続就労した方が放棄所得が少なくてすむと、合理的に考える親も増えているだろう。しかも、政府が女性の就労継続を後押しするキャンペーンを張っているなかにあっては尚更である。親の生き方の選択と政治は無関係ではない。

　ところが、父親の就労時間は相変わらず長く、なかでも育児期の父親（30～40歳代）の就業時間が最も長いこともわかっている（第7章参照）。母親が働き続けることが期待される一方で、これまで通り育児担当役割も期待され、しかし父親の育児参加は相変わらず期待できない状

第8章　家庭教育支援と地域社会

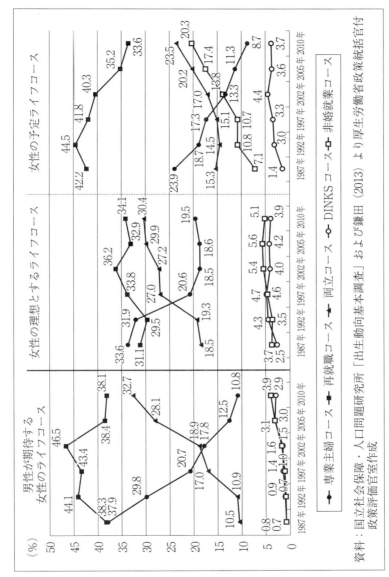

図8-1　希望する女性のライフコースの推移

資料：国立社会保障・人口問題研究所「出生動向基本調査」および鎌田（2013）より厚生労働省政策統括官付政策評価官室作成

出典：『平成25年版 厚生労働白書』

況にあっては，母親への心身の負担は大きい。ホックシールド（Hochschild 1989）は，アメリカの女性が職場でこなす仕事をファースト・シフトとよび，帰宅後にする家事・育児をセカンド・シフトと呼んだが，日本でも同様のことが起きている。また，育児期だけでなく教育期においても主たる教育担当者は母親であるから，思春期・前青年期の子どもにみられる問題—いじめ，不登校，非行，進学等—への対応でまず悩むのも母親となりやすい。

では，地域社会のサポートはどうだろうか。こちらも，日常的な育児援助についてはあまり期待できない。「生活面で協力し合う近所の人の人数」に関する調査では，「いない」が65.7％で最も多く，次いで1〜4人が28.0％，5人以上が6.2％という結果であった（内閣府 2007）。実際，近隣付き合いは減ってきており，こうしたなかで，育児不安が高まってきた様子は第5章でみた通りである。

1970年代から育児不安が社会問題化し，こうした事態へ対処するために，各地で民間の育児サークルがつくられてきた。育児中の親同士が集まって支え合うタイプの育児サークルや，育児が終わった女性が若い母親たちのサポートをするタイプの育児サークル，あるいはその規模や活動頻度など，特色の異なるサークルが地域には多く設立されている。市役所や保健所で育児サークルの情報を得ようとすると，思っていたよりも多くの育児サークルが市内にあることに驚くかもしれない。母親たちが，子どもの世話を一身に背負うことは身体的負担・疲労として蓄積し，困ったときに誰にも相談できずに子育てしている自分の気持ちも話せないでいることは，孤立感・孤独感に繋がる。また，孤立した環境では育児に関する情報も得にくいため，孤立感・不安感をさらに深めていくことにもなりかねない。現代社会において，子育ての直接の責任者は親ではあるが，すべての子どもが生まれた環境による不利をできるだけ

第8章 家庭教育支援と地域社会　121

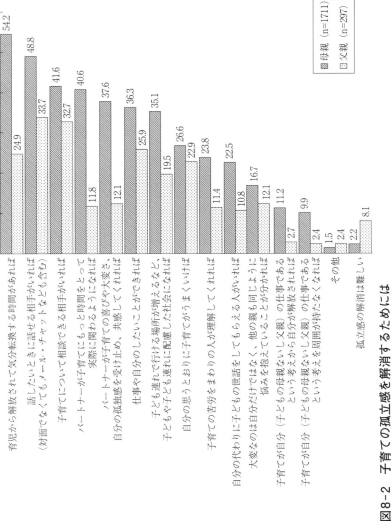

**図8-2　子育ての孤立感を解消するためには**
出典：(財)こども未来財団（2007）「平成18年度子育てに関する意識調査報告書」

被らずに，健やかに育つためには社会全体でのバックアップが必要となる。民間の育児サークル以外にも，保健所や病院，公民館等で開催される妊婦講座・子育て講座，親子で参加するタイプの講座など，育児期間中の家族を支えるグループや機関が増えているが，それでもまだ日常的な地域社会のサポート力としてみると不足していると母親たちは感じている（図8-2参照）。

## 2．切れ目のない支援とアウトリーチの要請

　そこで問題になるのは，育児サポートプログラムは，それを必要として求めてくる人には助けとなり有効であろうが，育児困難や育児不安に陥りやすい環境・状況にあるのに必要なサポートを求めてこない母親たちへどのように手を差し伸べるか，その方法である。

　どういった母親がサポートの網の目からこぼれ落ちてしまうかというと，第一に考えられるのが，親自身が親になることや子どもの誕生を望んでいなかった家庭である。第5章で，育児不安は子どもの誕生前から支えを必要とする問題であることをみたが，これは児童虐待についても同様である。現在，児童虐待に陥りやすい母親のリスク・ファクター（危険因子）として注目されるものに「望まない妊娠」「10代の妊娠」「未婚の妊娠」があり，妊婦の段階から母親を支援すること，関わっていくことが虐待防止において重要な鍵になることは福祉現場ではよく知られている。それが上手くいかないと，出産後も母親が育児に関わろうとしないリスクも高まる。

　あるいは，出産前は子どもの誕生を心待ちにしていた親であっても，産後鬱などの症状に陥ると，やはり育児に積極的に関わることができない場合もある。そうした母親たちは，「もっときちんと子育てをしなけ

表8-1　家族タイプ別，孤立感・家計・健康状態

|  |  | ふたり親 | ひとり親 | 相対的貧困層 | 相対的貧困層ではない |
|---|---|---|---|---|---|
| 普段の健康状態<br>（親自身） | よい | 54.1 | 43.3 | 38.2 | 54.3 |
|  | 悪い | 14.2 | 26.7 | 29.1 | 14.1 |
| 家庭の暮らし向き | ゆとり有 | 11.6 | 2.6 | 0.5 | 11.8 |
|  | 苦しい | 45.5 | 71.4 | 85.4 | 44.2 |
| この1週間，悲しいと思うことがあった |  | 43.3 | 55.1 | 55.6 | 43.5 |
| この1週間，一人ぼっちで寂しいと感じたことがあった |  | 12.7 | 29.6 | ― | ― |
| 自分は役に立たないと強く感じることがある |  | ― | ― | 41.2<br>(57.4) | 27.5<br>(72.0) |

（　）内は「そう思わない」の％
国立社会保障・人口問題研究所『第15回出生動向基本調査』より作成

れば」と思いながらもできないことが多く，出産前にイメージしていた母親像と現実との相違から，自分を責めたり無気力に陥ったりするため，子育てサポートプログラムを受けに行くことにも消極的である。

　第二に，母親に時間的・精神的余裕がない場合が考えられる。特に，家庭内に育児を担う人が他にいない上にフルタイム就労している母親のケースがそうであり，離婚家庭や貧困家庭に多い傾向がある（表8-1）。日中働いていると，昼間に開催される親子講座や子育て講座に通うことはできないし，たとえ休日や夜間に開催されても，仕事で疲れているから休日や夜間は休息が必要であると考えて講座には出向きにくい。サポート側は，母親が参加しやすいように講座中に子どもを預かるサービスも用意しているものの，余裕のない母親にとってはそれだけではメリットが見えにくい。

　どちらにしても，最も子育てサポートを必要とするのに，それを受け

表8-2 家庭教育支援の施策・取り組み

| 年 | 施策・取り組み |
|---|---|
| 1964（昭和39）年 | **家庭教育学級の補助制度の創設**（※希望する親を対象） |
| 1972（昭和47）年 | 家庭教育（幼児期）相談事業に関する補助制度の創設（都道府県） |
| 1975（昭和50）年 | 乳幼児学級 |
| 1986（昭和61）年 | 働く親のための学級 |
| 1999（平成11）年 | 家庭教育手帳（平成16年 新家庭教育手帳） |
| 2000（平成12）年 | 子育て支援ネットワークの形成<br>　子育てサポーター，家庭教育アドバイザーの委嘱（平成13年-）<br>　子育てサポーターリーダーの養成（平成16年-）<br>　ITを活用した次世代型家庭教育支援手法の開発（平成17年-） |
| 2001（平成13）年 | **子育て学習の全国展開補助事業**（※すべての親を対象）<br>　妊娠期子育て講座，就学時検診時子育て講座，思春期子育て講座，中高生の親を対象とした子育て理解講座 |
| 2008（平成20）年 | **訪問型家庭教育支援**（※すべての親へのきめ細やかな家庭教育支援）<br>　地域における家庭教育支援基盤形成事業<br>　家庭教育支援チームの創設，子育て・親育ち講座 |
| 2009（平成21）年 | 学校・家庭・地域の連携協力推進事業<br>　地域人材の養成や家庭教育支援チームの組織化，家庭教育支援員の配置等による身近な地域における保護者への学習機会の提供や，相談対応等の支援活動を実施 |
| 2010（平成22）年 | 乳児家庭全戸訪問事業[注3] |
| 2016（平成28）年 | 地域人材を活用した学校等との連携による訪問型家庭教育支援事業 |

文部科学省「家庭教育支援の推進方策に関する検討委員会」配付資料より作成

にくいという点で共通する。子育てサポート機関・組織で課題となるのは，そうした母親たちをどのように支えるのかという点である。そこで現在，大きく2つの方向で育児支援が考えられている。一つは「誕生から切れ目のない支援」の構築であり，もう一つは「すべての子どもを対象としたサポート」である。

　家庭教育支援について，国・都道府県レベルでもこれまでさまざまな施策・取り組みがなされてきた（表8-2参照）。その特徴の一つは，希望する親を対象とする取り組みから，すべての親を対象とする，しかもよりきめ細やかな家庭教育支援を用意する方向への動きである。そして，もう一つは，国や都道府県・市町村が行う事業に加えて，身近な地域の人材を活用した取り組みへの移行である。そのために，都道府県・市町村は家庭教育支援チームの創設や子育てサポーター，家庭教育アドバイザーの養成を行い，そうした人材が訪問型家庭教育支援事業に参加して実際に家庭教育支援にあたる活動が展開されている。

　妊娠中は保健所・産院が妊婦の様子を観察したり相談にのるなどして関わり，出産後は保健師や医師だけでなく，地域の子育て経験者が母子保健推進員（通称「母推さん」）等として育児不安を抱える家庭に関わる。さらに，育児サークルや保健所・市町村が開催する育児教室[注4]等に参加することで，母親の育児不安を軽減させる仕組みもできてきた。

　特に，児童虐待が社会問題になったことを契機に立ち上がった乳児家庭全戸訪問事業（通称「こんにちは赤ちゃん事業」）は，乳児家庭の孤立化を防止することを目的に，保健師や母子保健推進員，児童委員等が生後4ヶ月までの乳児のいるすべての家庭を訪問し，さまざまな悩みや不安を聞き，子育て支援に関する情報提供，親子の心身の状況と養育環境の把握・助言を行う事業として市町村を主体に全国で実施されている（付表2参照）。来談を待つのではなく，福祉スタッフが訪問して問題の

芽を探し摘むことをアウトリーチという。個別に家庭訪問することで，母親は「子どもの体重が思うように増えない」とか「うちの子は夜泣きがひどい」「よく眠れない」「不安で仕方ない」などの相談をすることができるし，それに対して「大丈夫ですよ，どこのご家庭も同じですよ」とか，「いつでも話を聞きますよ」「こういう風にしたら，うまくいくかも」など，情報やサポートを貰えることで安心することも多い。孤立を防ぐ手立てとして最も望まれていることは，話を聞いて貰えることである（図8-2参照）。

　また，乳児家庭全戸訪問事業の利点は，まさに「乳児のいる家であればすべて回る」という点にある。ある特定の家だけを訪問すると，訪問を受ける側の家族は「世間から虐待を疑われているのではないか」「うちの子育てについて，近所が何か言っているのではないか」など疑心をもち，扉を閉ざしがちになる。ところが全戸訪問事業であれば，「すべてのご家庭を回っています」と目的を告げやすいので，訪問する側はノックしやすいし，訪問を受ける家庭もドアを開けやすいというメリットがある。あるいは，6ヶ月検診，1年検診，1年半検診など，定期検診に来る母子の様子や子どもの体重増加具合をみることで，しんどさや不安を抱えているお母さんを発見することもできるので，定期検診も育児不安や児童虐待を早期に発見する機会として重視される[注5]。

　このような，一部の困難を抱えている個人や家族のためだけではなく，すべての家庭を対象とする支援をポピュレーション・アプローチと呼ぶ。子どもの成長・発達は個別に異なるので育児書通りにいかないことも多く，相談者や話し相手もいない場合は健全な育児をできる心身の状態を保つことが難しいから，子どもの発達に詳しい人と話すことは安心感をもたらす。やがて子どもが保育所や幼稚園へ入所・入園するようになると，子育てに関わる大人の数は増え，親にも子育て以外の時間が

できるので親の孤立感は減少する。逆に言うと，誕生から保育所・幼稚園へ入るまでの間は，乳幼児は母親・家族以外の人と日常的に関わることが少ないので，3歳未満の子どもをもつ母親の約5割が孤立感を抱えており（こども未来財団 2007），この時期の母親（家族）支援は重要である。

　子育てへの忌避感情の解消は，少子化を問題とする社会においては重要課題であり，子育ての不安や不満を小さいうちに取り除くことで，虐待や遺棄といった，より深刻な事態に発展させないように問題を未然防止することができるので，早期対応に重点がおかれるようになってきた。つまり，子育て問題は，起きた後にいかに対応するかという事後対応から，より早く発見して対処しようとする早期発見・早期対応へシフトし，さらに問題が起きる前，深刻になる前に防ごうとする防止重視の考え方へと，対策がシフトしてきたのである。

## 3. 家庭への介入に関する注意

　子育てにとって当然と社会的に認められる行為や事柄が，個人の責任と努力では獲得できず改善できない状況では，親の子育てへの社会保障に格差が生じるが，村山（2008）は，これを「子育て環境格差」と呼んだ。これは所得格差だけでなく，育児に時間を割けないことも含まれる。こうした子育て環境格差があるなかで，家庭教育の大切さや父親の育児参加の重要性が強調されるだけでは，特に困難を抱えている層では格差感が助長され，ますますストレスを抱えたり自暴自棄になって，子育て不安をいっそう深刻化させていくことにもなりかねないと警鐘を鳴らす。

　そこで，子育て環境支援を解消するために必要な課題を，次の5つに

集約して提案する。まず第一に，乳幼児をもつすべての家庭や親の生活保障である。具体的には，子どもの最低限の生活保障のために，児童手当や乳幼児医療費減免，ひとり親家庭や障害児をもつ家庭への支援などの社会保障の整備を進めることである。第二に，安心して子どもを産み，育てるゆとりや就労継続への保障支援である。具体的には，産前・産後の休暇や手当，出産保障，育児休業制度・病気看護休暇，保育施設への保育参観・行事参加のための休暇の保障である。第三に，母親だけではなく，両親ともに対してなされる子育て時間のゆとりの保障である。そのために，労働時間・残業時間の規制，有給休暇の保障の見直しが必要になる。第四に，家庭生活を支える住環境，子育てに考慮した地域環境——公園の整備，親子で遊べるスペースへの配慮，親同士の交流スペースなど——の整備・確保。そして第五に，保育所や幼稚園，児童間学童保育施設，遊び場など子育てに必要なサービスを提供できる施設・システムの整備・拡充である。たしかに，このいずれかだけに重点をおいても，子育て環境格差の是正という点では不十分になりやすいであろう。

　ただし，家庭教育支援についてはいくつか考えておかねばならない問題がある。一つ目に，誰が，育児サポートを必要な家庭かどうかを特定する権力をもつのかという点である。育児不安や虐待傾向を自認して，サポートを必要としていることを自覚している家庭であれば，ニーズが一致するので支えやすい。しかし外部から見ると，「その子育てはちょっと問題があるのでは……」と思われても，親本人が問題を感じていないときやサポートを不要であると考えている場合，第3者はどこまで介入して良いだろうか。家族は個人のプライバシーの最たる領域であり，自律性・自由が保障されるべきである。広田は「個々の家族への具体的な介入は，『家族の自由』や『家族のプライバシー』に抵触してまでも当

の問題の解決が優先されねばならないような場合に，厳しく限定される必要がある」（広田 2009 p.368）と注意を促すが，その通りであろう。しかし一方で，家族のプライバシーや自律性を重んじるほど，介入のタイミングは難しくなる。児童虐待などが起きそうな家族に対して，支援スタッフが日常的に言葉かけや訪問を繰り返すことは却って疎まれ，遠ざけられることもあるので，いざというときに関わりが遅れることがある。また，子どもへの不適切な扱い（マルトリートメント）は，段階を踏んで徐々に深刻な事態になるわけではなく，ある日，突然取り返しの付かないことが起きることもありうる。

　二つ目に，支援スタッフが介入したからといって，必ずしもすぐに改善されるわけではない点である。家族の抱える困難が深刻であるほど対応は難しく，本当の問題（ニーズ）を見極めなければ対応を間違う場合もある。たとえば，家庭訪問事業のスタッフに「来るな」と言うのは，「もっときちんと自分の気持ちをわかって欲しい。黙って話を聞いて欲しい」というニーズの表れかもしれない。ところが，それに気付かないで初期対応が遅れると，本当に「二度と顔も見たくない」というように関係がこじれ，修復に相当の時間が掛かることになる。あるいは，保護者は援助に対して即効性を求めるかもしれないが，問題が突然消えるとか，子どもがすぐに良い子になるということはあまりない。この点について，保護者にも理解して貰えるよう，まずは支援者と保護者の間で信頼関係（ラポール）を築く必要がある。

　そして三つ目に，支援者の役割とスキルの刷新が求められる。不信感を感じさせない対応の仕方，本当のニーズに気付くことのできる力量，親の問題なのか子育て資源の不足による問題なのかについて見極め，家庭をポジティブな方向へ力づける方法など，家庭教育支援をするためには，支援者が研修等を通してスキルの向上を図る必要がある。

ただし，これらはより深刻な家族問題に対する介入についてであり，多くの家庭に必要なのは日頃からちょっとしたことを話し，相談にのってもらい，気軽に物事を頼める（気軽なので断られても構わない）人間関係を複数もっていることである。そうした場をどのようにつくっていくかを社会的課題として考えていくことも大事であろう。

## 》注

1) 正規雇用か非正規雇用かだけでなく，従業員数規模，本人の学歴によって生涯賃金は計測される。
2) 「わからない」が4.7％いるため，賛成と反対を足しても100.0％にならない。なお，同調査で「子どもを産み育てやすい国だと思うか」に関する項目において，97.7％が育てやすい国であると答えたスウェーデンでは，3歳児神話に賛成する割合は31.8％であった。
3) ただし，2008（平成20）年より母子訪問指導事業の一部として開始。
4) かつては「母親教室」という名称が多く用いられたが，近年は，「母親は子育てをするものだ」というジェンダーによる固定イメージを払拭するために，「育児教室」と呼ぶところが増えた。
5) ただし，早い年齢から保育所に通う子どもについては母親のフォローができるものの，幼稚園に入園する子どもは3，4歳まで地域の育児機関にまったく関わらないこともありうるため，この期間をどうフォローするかが課題である。

### 学習課題

(1) 居住地域の育児サークル，育児支援プログラムについて調べてみよう。目的・規模・設立年・誰を対象としている支援なのかを知ることで，家庭教育支援のどのような効果が期待されるかについても推測してみよう。
(2) 子育て環境格差は，人的・経済的・環境上の子育て資源の不足によって生じるものである。人的資源の不足，経済的困窮の対策，子育て環境上の不備に対して，どのような社会的対応が可能であるかを調べてみよう。

### 引用文献

広田照幸　2009『格差・秩序不安と教育』世織書房
Hochschild, A.R., 1989, *The Second Shift : Working Parents and the Revolution at Home.* Viking Press.（＝1990，田中和子訳『セカンドシフト第二の勤務―アメリカ共働き革命のいま』朝日新聞社）
村山祐一　2008『「子育て支援高進国」からの脱却』新読書社
内閣府　2006「少子化社会に関する国際意識調査」
内閣府　2007「国民生活選好度調査」
（財）こども未来財団　2007「平成18年度子育てに関する意識調査報告書」

# 9 | 現代の保育ニーズと保育政策

東野充成

《目標＆ポイント》 待機児童問題が訴えられて久しいが，現代の家族はどのような保育ニーズをもっているのだろうか。そして，日本の保育政策はそうしたニーズに応えるものとなっているのだろうか。本章では，横浜市で行われた調査をもとに保育ニーズの現状を把握するとともに，日本の保育政策が抱える課題や今後のあり方について考える。
《キーワード》 新自由主義，保育ニーズ，保育政策，待機児童，保育所民営化，保活

## 1．保育ニーズの現状

### （1）保育ニーズとは

　90年代に少子化が大きな社会問題となって以降，保育所の拡充や保育所外保育施設の拡大が目指されてきた。しかしながら，待機児童問題や低水準の保育士の給与など，ハードとソフトの両面にわたって，保育の問題は一向に解決が見えない。一方で，この間，97年の児童福祉法の改正，相次ぐ公立保育所の民営化，保育事業への民間参入の活発化など，保育に関する制度面は大きな転換を迎えている。いうまでもなく，家庭での保育を必要とする子どもにとって，家庭外での保育は極めて重要な営みである。現在，家庭外での保育サービスに対してどのようなニーズが存在するのだろうか。また，現下の保育政策はこのようなニーズに応えるものとなっているのだろうか。本章では，家庭外の保育サー

ビスと保育政策にまつわる現状と課題を考える。

　さて，保育ニーズと一口に言っても，様々な要求が想定される。たとえば，家庭内で完全に保育を行う家族にとっては，保育所を整備することよりも，児童手当等の現金給付を充実させることの方が重要だろう。こうしたものまで含めると，保育ニーズという概念そのものが際限なく拡大するので，本章ではさしあたり，「未就学児を対象とした，主に家庭外の施設で実施される，ケア・サービスへのニーズ」と定義しておく。一般的には保育という概念の中には，放課後児童クラブ（学童保育）も含まれるが，論点の拡散を防ぐため，未就学児を対象としたものに限定して話を進めたい。

　保育ニーズを把握する調査は全国各地の自治体で試みられているが，ここでは横浜市で行われた調査結果を紹介したい。いうまでもなく横浜市は全国を代表する大都市のひとつで，工業地域・商業地域・住宅地域をまんべんなく抱えている。さらに，2013年5月には，横浜市長が「待機児童ゼロ宣言」を行って話題にもなった。こうした経緯から，都市部の保育ニーズを把握するのに適した地であると考えられる。紹介する調査は，2013年12月に公表された，「横浜市子ども・子育て支援事業計画の策定に向けた利用ニーズ把握のための調査」（以下，「横浜市調査」とする）である。調査は横浜市内に住む，未就学児がいる65,590世帯，小学生がいる66,190世帯を対象とした大規模なものである（回収率は計45.6％）。以下，調査結果を参考に，現行の保育サービスが抱える課題を抽出していきたい。

## （2）利用したい保育サービス

　はじめに着目したいのは，現在の利用の有無にかかわらず，「平日の日中に定期的に利用したい教育・保育事業」という質問である。回答結

果は，幼稚園が59.3％，認可保育所・公立保育所が45.4％，横浜市認定の幼稚園の預かり保育が28.4％，認定こども園が20.0％と続く。既存の保育所の不足を補うため，「認証保育所」（東京都などの自治体が独自の基準で認定した保育所）や幼稚園による預かり保育の実施が進められ，幼保一体化の観点から認定こども園の設置も進められてきたが，幼稚園や認可・公立保育所に比べて利用意向は低くなっている。こうした取組みを行う施設そのものの実数が少ないこと，制度が周知されていないことなどが理由として考えられ，新サービスには多くの課題が横たわっていることをうかがわせる。保育施設を選択するにあたって重視する項目としては（複数回答），自宅からの距離が79.8％，教育・保育の理念や内容が67.2％，利用料金が49.9％と続く。利便性と内容の充実，保育サービスには両方が求められていることがわかる。

　以上は恒常的な利用を想定したニーズ調査の結果であるが，保育サービスには非定型的な利用形態も含まれる。たとえば，病児や病後児のための保育である。調査では，子どもが病気になった場合でも，「休んで看ることは考えられない」とする層が15.7％いた。その理由は，「子どもの看護を理由に休みが取れない」37.0％，「休暇日数が足りない」31.1％となっている。これは労働政策や企業経営の在り方の問題でもあるが，病児・病後児保育施設等を利用したいという層は37.8％にのぼり，保育サービスとしても考えるべき課題である。また，冠婚葬祭やリフレッシュ，親の通院など，就労以外の目的でも，子どもを預ける必要がある場面は数多くある。このような場合に保育サービスを利用したいという割合は33.1％に達する。親の子育てにかかる負担を少しでも軽減し，子育ての社会化を図っていく上で，手軽に利用できる保育サービスの充実も望まれる。

## （3）待機児童問題と保育サービス

　さて，保育サービスをめぐって近年特に大きな課題となっているのが，待機児童問題である。この問題の一端をうかがわせる結果が，本調査でも示されている。育児休業取得後，実際に職場に復帰した割合が最も高いのは，子どもが6か月から1歳未満のときで36.7％である。一方，希望の割合が最も高いのは，1歳から1歳6か月未満の間で，42.6％である。実際の取得期間と希望する取得期間に齟齬が生じるのは，業務の年度初めに合わせるなど様々な理由が考えられるが，最大の理由は希望する保育所に入れるかどうかという点にある。希望より早く復職した理由として「希望する保育所に入るため」と回答したのが62.4％，希望より遅く復職した理由として「希望する保育所に入れなかったため」と回答したのが67.6％にのぼっている。保育所の存在が復職時期を決定する要因となっている。

　このように，復職時期が保育所の存在によって左右されるのは，ひとつは絶対的に保育所の数が足りないからである。それぞれの生活圏において一定の質を満たした保育所が十分に存在すれば，理論上，待機児童問題は生じない（ただし，保育所が新たにできても，それによって新たな保育需要が喚起され，結果的にまた保育所が足りなくなるという，需要創発効果に関しても見逃してはならない）。もちろん，居住人口の推移や年齢・家族構成，それらの生活パターン等を予測して，完璧な保育所設置計画を作ることは不可能である。しかしながら，家計のためであれ何であれ，働きたいと思っている人が，子どもが「足枷」となって働きに出られないような状況は，やはり歪な状況と言わざるを得ないだろう。その点で，待機児童問題は，働くことや子どもというものに対する意味そのものが問われている問題である。

### (4) 子育ての負担と人的ネットワーク

　最後に，保育サービスに対するニーズそのものではないが，子育てと生活のかかわりについて概観しておきたい。

　子育てで負担に感じることとしては（複数回答），「自分の自由な時間が持てない」44.7％，「身体の疲れが大きい」41.6％，「子どもから目が離せないので気が休まらない」29.9％と続く。時間的・肉体的・精神的負担が子育てには大きくかかることがよくわかる。こうした負担を少しでも和らげる上で役に立つのが，相談相手がいるかどうかである。8割を超える人が祖父母・親族や知人・友人に気軽に相談できると回答している。幼稚園・保育所等の先生とこたえた人も35.7％にのぼり，子育ての相談相手として重要な位置を占めている。

　そして，こうした相談相手の有無は生活の満足度にも大きな影響を及ぼす。表9-1を見てわかる通り，相談相手の有無によって生活の満足度には明らかな差が出る。また，図示はしないが，相談相手が増えるほど，生活の満足度が高まるという結果も出ている。子どもを抱える家庭にとって，人的ネットワークの有無や量がいかに大切かを物語る結果である。逆に言えば，子育て家庭の人的ネットワークをいかに確保するのかが，社会的な課題として浮かび上がるということである。

表9-1　相談相手の有無と生活の満足度（「横浜市調査」より）

|  | 満足している | どちらともいえない | 満足していない |
|---|---|---|---|
| 相談する人がいる | 69.8％ | 16.8％ | 12.7％ |
| 相談する人がいない | 33.5％ | 24.8％ | 41.4％ |

## 2. 保育政策の現状と課題

### （1）保育の新自由主義化

　以上，「横浜市調査」をもとに，現代の子育て家庭が抱える保育ニーズや社会的な課題について概観した。ここで紹介したニーズや課題はあくまでも量的調査の結果から導き出されたものであり，個々の家庭が子育てに関して現にどのような葛藤や困難を抱えているのかまで明らかにするものではない。そうした現況を知るためには，様々なルポルタージュが役に立つ。たとえば萩原（2006）では，多彩な両立支援策が整えられる中でも，葛藤を抱えながら働き続ける，あるいは働くことを断念した母親の姿が克明に描かれ，制度の不備とともに，日本の職場風土の問題が告発されている。本書は 2006 年に上梓されたものであるが，10 年以上たった今でも問題の本質はほとんど変わっていないことがわかるだろう。

　さて，現代の保育ニーズについてまとめると，以下のようになる。まず，希望する保育所になかなか入れないという現実があること，それによって親の働き方が大きな影響を受けている。また，保育所に対するニーズも恒常的な利用ばかりではなく，短期的・一時的な利用ニーズも高いことが確認された。そして，保育サービスは子育てに関する重要な相談相手としても位置付けられていた。とりわけ，相談相手がいない人の生活満足度が著しく低いことにかんがみるなら，保育サービスがこうした層の相談機関となる必要性が高いことがうかがえる。

　このような保育ニーズに対して，これまでのところ，保育政策の側も何とか応えようと画策している。たとえば，保育所の不足という問題に対しては，保育サービス供給主体の多様化や保育施設の設立基準の緩和といった方法が近年よく採用されている。1999 年の規制緩和推進 3 カ

年計画では，認可保育所設置主体に民間企業の参入を認めることが提言され，2000年には厚生省児童家庭局長（当時）が通知で個人・企業等の参入を容認した。その後，企業やNPOなど多くの主体が保育サービス分野に参入するようになる。認定こども園など，幼保の一体化を目指した新制度も登場した。そのほか，幼稚園での預かり保育の拡大，家庭的保育事業，自治体独自の認証制度なども，保育サービスの多様化に寄与している。

　また，1997年の児童福祉法の改正では保育所の設置基準が緩和され，非常勤職員の導入が2割まで可能となった。その後も設置基準や職員の配置基準の緩和は続き，2002年の「規制改革推進3ヵ年計画改訂」では，保育所定員基準の弾力化，公立保育所の民間委託，企業参入の推進，保育士諸規則の緩和，保育所と幼稚園の施設共有化の促進などが打ち出された。こうした多様化と規制緩和の流れは，現在まで続くものである。

　このような政策は，保育所の数を増やし，待機児童の数を減らすなど，保育サービスに対する利便性を高めるという点では，確かに一定の効果をもつものである。先述したように，横浜市では，2013年5月に市長が「待機児童ゼロ宣言」を発した。この宣言で発表された数値が正確なものなのかどうかについては疑義ももたれているが（木村 2013など），横浜市が行った手法は，企業の参入を大幅に促し，小規模な保育施設を大量につくるというものであった。この手法はその後，安倍首相がスピーチで取り上げるなど，政府にも受け継がれていった。

　こうした動向を一言でまとめるなら，保育の新自由主義化ということができる。新自由主義の要諦は，国家が関与する領域や程度をできるだけ縮減して財政支出を圧縮するとともに，市場の競争にゆだね，消費者や受益者の選択肢や満足度を高めようとする点にある。この間の保育制

度改革はまさに，新自由主義の波が保育という領域に押し寄せてきた過程や結果であると位置づけることができる（もちろん，保育だけでなく，教育，福祉，労働，医療などの世界でも，同様の傾向が見て取れる）。

### （２）新自由主義的保育改革の問題点

しかしながら，こうした動向は決してバラ色の未来を約束するものではない。現時点でも様々な問題が出来（しゅったい）している。

ひとつは，消費者や受益者の選択肢を広げ，満足度を高めるという点にこそ新自由主義の骨子はあるはずだが，この間の様々な改革によって本当にこの点が実現しているのか疑わしい。そもそも選択肢を広げるといっても，2015年4月時点で全国に2万人を超える待機児童がおり，保育所を自由に選択できる余地はほとんど残されていない。また，この間，「民間にできることは民間に」といった掛け声の下，公立保育所の民営化が全国各地で進められた。結果的に，公立保育所を選択したいという保護者の望みが根底から断ち切られた地域もある。選択肢を広げるはずの政策が逆に選択肢を狭めるという，逆説的な状況になっている。これは，民営化の論理を内蔵する，新自由主義自体の自己矛盾である。

公立保育所の民営化をめぐっては，全国各地で裁判も展開された。すなわち，民営化に反対する保護者らが，民営化を進める自治体を相手取って裁判を行ったわけである。ほとんどの裁判では保護者側の敗訴という結果に終わっているが，中には横浜市で争われた事件のように，一審で保護者側が勝訴するという事例もある。その判決の中で，横浜地裁は興味深い言説を提起している。「現在では様々な新しい保育ニーズに応える必要があるが，（中略）市立保育所ではこれらニーズに十分に応えることは難しいことから，（中略）市立保育所の民営化を実施するこ

ととした」との横浜市の主張に対して，次のように述べて横浜市の主張を論断した。

> 多様な保育ニーズに応えるということと，保育園を民営化するということは論理必然の関係にない（横浜地判平成18年5月22日より）。

　ここでは，「多様な保育ニーズに応える」という誰もが反対しがたいレトリックと民営化を安易に結びつけることが明快に否定されている。「保育を必要とする」子どもを保護・養育することは地方自治体の責務であり，安直な民営化は慎まれるべきだろう。

　また，公立保育所を民営化することによって，逆に多様な保育ニーズに応えられない危険性すらある。たとえば，持病をもった子どもの保育や障害児保育，外国籍や十分な日本語能力をもたない子どもの保育，過疎地域に住む子どもの保育には，多くの手間や時間，経費を必要とする。利益を確保しなければならない（これ自体はまったく悪いことではない）民間の保育所では，こうした課題に十分に応えられない可能性が高い。保育の場から排除されやすい，多様なニーズをもった子どもたちにこそ，公立保育所は十分に対応する必要がある。

　以上のように，安直に新自由主義の思想にのっとって保育制度改革を進めることは，大きな問題をはらんでいる。とりわけ，逆井（2016）も指摘しているように，保育所最低基準などを緩和することは，保育の質的水準の低下につながりかねない。ここは一度立ち止まって，保育政策の原点を確認する必要がある。

## 3. 保育政策の原点

### （1）保育の質の確保

　保育政策の原点は，保育を必要とする子どもを親に代わって公が保護・養育する点にある。専業主婦（夫）の親といえども，いつ死や病気を迎えるのか誰もわからない。また，家庭の経済状況は刻々と変化し，共働きしなければならない状況がいつ起こるのかもわからない。どんな子どもであっても，潜在的に「保育に欠ける」状態になる危険性を宿している。人的ネットワークが密に張り巡らされた社会においては，こうした状態に陥っても，それがセーフティーネットとなり得るが，現代では稠密な人的ネットワークに期待することもむずかしい。であるならば，すべての子どものためのセーフティーネットとして，保育所や保育施設は常に適正に配置されていることが必要である。

　2016年3月23日，東京都武蔵野市で，子どもの認可保育所への入所を断られた親たちが，市に対して行政不服審査法に基づく異議を申し立てた（毎日新聞2016年3月24日付Web版より）。同様の事例は全国の自治体で相次いでいる。「保活」という言葉に示されているように，都市部で暮らす共働き夫婦にとって，子どもを保育園に入れることは，多大な手間や労力，時間やお金をかけて取り組む生活上の困難のひとつとなっている。「保活」という言葉が生まれるような状況こそが，日本の保育政策の貧弱さを物語っている。

　むろん，数だけ増やせばいいというわけではない。保育所への入所希望者の受け入れを優先するあまり，保育の質が低下したのでは元も子もない。保育の担い手の多様化に関する近年の議論においては，保育の質という観点が希薄化しているように感じられる。保育の担い手の多様化と保育の質の確保・向上は決して対立する概念ではないのだから，保育

の担い手の多様化を進めたいのなら，まず保育の質をどのように確保・向上させるのかが議論されるべきだろう。

### （2）子育ての家族回帰と社会化

　子育て支援にかかわる制度や政策の制定をめぐっては，子育ての家族回帰か社会化かという二項対立がよく問題になる。実際，次世代育成支援対策推進法や少子化社会対策基本法など，子育て支援に関する法案を審議する際にも，子育て支援の充実を図ることは家庭の育児放棄につながるといった「子育ての家族回帰論」が訴えられたりした（東野 2008 参照）。少子化社会対策基本法では，「父母その他の保護者が子育てに関する第一義的責任を有する」とも明記されている。こうした「子育ての家族回帰論」は様々な場でたびたび見かけられる。

　一方，男女共同参画社会に向けての気運や少子化対策の必要性の高まりなどから，子育ての社会化が強く意識されるようになってきた。すなわち，子育てを家庭内に閉じ込めずに，働きたい人がいつでも働くことができるよう，子育てを社会全体で担おうという考え方である。また，閉ざされた家庭で起こる育児不安や児童虐待などの問題を受けて，社会の目を家庭の内部にどのように挿入するのかも問われている。こうした背景から，「子育ての社会化論」が唱えられるようになってきた。

　これらふたつの考え方はよく二律背反的に捉えられるが，決して相対立する概念ではない。子どもの発達にとって家族が基底的な集団であることは当然であるし，いくら子育ての社会化を訴えても，個々の家族の自律性や私秘性は保持される必要がある。また，社会化といっても何から何まで社会で負担することは現実的に不可能であり，おのずから限界がある。問題は，各家庭の子育てにかかる自律性を確保しつつ，子どもが健全に発達できるよう，社会がどう支援できるかである。

その意味で，ここでも第7章で紹介したフレイザーの「総ケア提供者モデル」が有意義な視点となる。もちろん，保育所や児童養護施設等を除いて，社会が特定の子どもを直接的にケアするということはまれである。しかしながら，仕事と子育てを両立したい人のために環境を整備する，子育てにかかる経済的な負担を緩和する，地域社会で子育て支援に取り組むなど，政府や社会が主体とならなければ達成できない子育て支援策も数多くある。こうした取組みも，間接的ではあるが，重要なケアの一環である。子育て・子育ちは家庭の中だけでも社会の中だけでも完結するものではなく，重要な社会の構成員である個々の家庭や子どもを社会全体に包摂する中で達成されるものである。

### 学習課題

（1）日本の保育政策の変遷をまとめ，その特徴を整理してみよう。
（2）諸外国の保育政策を調べ，子育てしやすい社会のあり方を考えてみよう。
（3）男女共同参画あるいは少子化と子育て支援の関連を考えてみよう。

## 引用文献

Fraser, N., 1997, *justice Interruptus : Critical Reflections on the 'Postsocialist' Condition,* Routledge（= 2003，仲正昌樹訳『中断された正義―「ポスト社会主義的」状況をめぐる批判的省察』御茶ノ水書房）

萩原久美子　2006　『迷走する両立支援―いま，子どもをもって働くということ―』太郎次郎社エディタス

東野充成　2008　『子ども観の社会学―子どもにまつわる法の立法過程分析―』大学教育出版

木村雅英　2013「横浜市『待機児童ゼロ宣言』と『横浜方式』の実相」自治労連・地方自治問題研究機構『研究機構・研究と報告』No.3　1-9頁

逆井直紀　2016「保育所最低基準と規制緩和政策」日本保育学会編『保育学講座②保育を支える仕組み』東京大学出版会　147-176頁

# 10 | しつけの混乱
―親の不安と戸惑い

天童睦子

《目標＆ポイント》 しつけは，社会化の一形態であり，家庭教育を考えるうえで欠かせない課題である。家庭のしつけ力の低下を危惧する向きがあるが，はたして現実はどうか。しつけをめぐる不安，混乱の背景をさぐり，社会統制としてのしつけの変容と，現代のしつけの課題を理解する。
《キーワード》 家庭のしつけ，社会化と社会統制，見えない教育方法，家庭の教育力，祖父母力

## 1. しつけとはなにか

### (1) しつけの意味

しつけとは，幼少期の子どもに日常生活における行動様式，生活慣習の型を身につけさせることを意味し，初期的社会化の一形態をいう。しつけは，大人による子どもの養育行動を通して，子どもに当該社会で共有される文化の型を身体化させ，社会集団の成員として適応的な態度と生活技術を体得させることと定義できる。

民俗学者の柳田國男によれば，しつけの語源は「苗を苗代から田に遷して，一株立ちにすること」をいい，それが転じて「人を養成し一人前にする」意味になったという（柳田 1964 pp.435-436）。日本の伝統的しつけ思想には「子やらい」の原理があり，大人が手とり足とり子どもを指導するというより，子ども自身に学びとらせる方法が重視されていた。現代の社会では，しつけの担い手として主に親が想定されている

が，子育ての社会史をひも解けば，日本のしつけは，より広い共同体に開かれていた。家庭内での親の手による意図的・計画的教え込みに限定されるというよりも，子ども自身が「みようみまねで，日常の生活行動を無意識のうちに体得させる過程」との意味を含んでいたといえよう。

しつけは，しつけ手の個別的，恣意的な意図や動機により行われる作用ではなく，その社会において系統的に制度化された社会化パターンにしたがって行われる（柴野 1989 p.6）。したがって，しつけは日常的な言語，行動様式，生活習慣の習得から，当該社会に適応的な価値規範の獲得までを含む，世代間の文化伝達の行為を指しているといえる。

西欧では，英語でしつけにあたる'discipline'が，懲戒や訓練を意味することからもわかるように，子どもは厳しく矯正しつつ育てるものとのしつけ観が強いとされてきた。育児書の分析に基づく比較社会化研究では，日本の育児観が受容的・集団中心的で，植物栽培的な穏やかなしつけモデルであるのに対し，欧米の育児観は，訓練・矯正的な個人中心志向モデルといった説明がなされている（天童編 2004 p.24，恒吉 1992）。

もっとも，欧米でもかつての訓練型の厳しいしつけが受容主義に転換し，時代を経るごとに比較的緩やかなしつけ様式に変化したともいわれている。たとえば『スポック博士の育児書』（アメリカでの初版は1945年）を見ると，1940年代当時は規則授乳か，子どもの自己要求に即した授乳かをめぐる議論があったが，次第に子ども本位の自然な要求に応じた受容型に変化したという（柴野 1989）。

しつけ法をめぐって，子どもは厳しく叩いてでもしつけるべきとか，叱れない親が増えたといった声を聞くことがあるが，しつけは「仕付け」「躾」の字が当てられることからも，子どもに当該社会で共有される文化の型を身体化させ，社会集団の成員として適応的な態度と生活技術を体得させることを意味する。

一方，子ども虐待は子どもに対する残虐な待遇のことである。「虐」の文字には猛禽の「爪」を表す部位が含まれているが，絶対的優位にたつ大人が，子どもの心身と人格を傷つけ人権を侵害する行為が虐待である。つまり，虐待としつけはそれぞれ別の意味をもち，しつけの延長上に虐待があるわけではないことをふまえておくべきだろう（天童 2017）。とはいえ現代社会において，しつけの困難と，虐待につながりかねない育児の現実には，重なり合う社会構造的要因を見い出すことができる。それは社会化エージェントとしての親の孤立化である。

### （2）社会化と社会統制

　家庭におけるしつけや子どもの社会化は，親子間の日常的相互作用の過程であるとともに，社会階層，文化環境，教育制度などによって規定される側面をもつ。しつけや育児様式と社会階層，文化的要因の関連に注目した研究は，これまでにも数多く蓄積されてきた。ハヴィガースト（Havighurst, R.J.）による発達課題の古典的研究（本書第4章参照）や，バーンスティン（Bernstein, B.），クック＝グンペルツ（Cook=Gumperz, J.）の言語使用と階層研究，コーン（Kohn, M.）による社会階級と親の価値志向，デベロー（Devereaux, E.C.）による親の育児様式の国際比較など，その内容は多岐にわたる。

　戦後日本のしつけと階層を論じたものとして，70年代にはヴォーゲル（Vogel, E.F.）の新中産階級の家族研究で明らかにされた緊密な母子関係の指摘をはじめ，社会学者の小山隆のグループ（1973），あるいは姫岡勤ら（1974）によるしつけと親子関係の実証的研究が相次いで示された。これらの研究では，欧米での研究結果に比して日本では，子どもへの教育期待やしつけパターンと親の職業階層の関連性について，比較的ゆるやかな結合傾向が指摘されている。

社会化は基本的に学習であり，人は，その個人がおかれた位置との関連において役割を学習し，その役割学習を通して，全体システムとしての社会に結びついていく。役割学習を通しての価値の内面化，その結果としての同調と社会への統合という社会化の過程は，社会統制のプロセス，すなわち社会の価値・規範を人々に受容させることによって，許容される行為の範囲と許容されない行為の範囲を人々が内面化し，自らを統制・コントロールしていく様式としての社会統制である。この社会統制の面に注目して理論的展開を示したのが，イギリスの教育社会学者バーンスティンであった。

### （3）見える統制・見えない統制

　言語コード理論で知られるバーンスティン（Bernstein, B. 1971）は，社会化と階層研究のなかでも，とくに言語使用（language use）の階級的差異に注目して，社会的アイデンティティと言語的コミュニケーションとの関連を体系的に理論化した。彼は社会化研究への独自のアプローチを提起し，発話を規定するコードとして，限定コード（restricted code）と推敲（精密）コード（elaborated code）を挙げ，語彙や表現の選択としての言語行動に立ち表れる社会的・経済的・文化的構造を，高度に洗練された理論体系として提示するとともに，イギリスの子どもたちの実際の言語使用の観察・分析をもとに，前者（限定コード）において言語使用は状況依存的，個別的表現が中心で，後者（推敲コード）において状況独立的，普遍的表現がとられることを明らかにしたのである。

　バーンスティンは，家族の役割体系の研究において，地位家族（positional family）と個人志向家族（person-oriented family）の二つの家族の型を提示し，それぞれの家族のタイプと社会統制の対比から以下

の特質を示した（Bernstein 1971 pp.152-166, 萩原 1985, 天童編 2016 pp.24-25）。まず，地位家族は，構成員の役割分化と権威構造が明瞭に規定されている家族であり，構成員のポジションは年齢，性別，出生順位によって明確に決定される。このような家族において社会統制は，子どものおかれた形式的地位により具現化される（たとえば，女の子なのだから……してはならない，お兄ちゃんだから……がまんしなさい，といった命令型，地位統制型のしつけ）。つまり，子どもの社会化は，定式化された地位と役割の型を親から子へと一方向的に伝達する「見える統制」として行われる。

他方，個人志向家族は，家族構成員の役割が明確に分離せず，親子の役割選択の自由度はそれぞれ拡大傾向となるタイプである。地位家族のように，あらかじめ決定され固定化された役割分化と社会的アイデンティティに基づいたしつけ様式とは異なり，個人志向家族のコミュニケーションの特徴は，推敲された意味に基づく言語運用となり，しつけでは，子どもの個性や自発性を重視する方略がとられる。したがって，子どもの個性や子ども自身の判断に訴えかける「パーソナル・アピール型」がしつけ様式の中心となる。

パーソナル・アピール型とは，たとえば「けんか」をした子どもを一方的にしかるのではなく，「どうしてけんかしたのか，理由を聞かせて」とか「○○ちゃんにもいけないところがあったのではないかな」というように，子ども自身の説明を求めながらしつけを行う方略（見えない社会統制）のことである。

家族としつけ様式の変化を大きく捉えれば，社会の近代化にともなって，家族は地位家族から個人志向家族へ，親から子どもへのしつけ様式は，見える統制から見えない統制へと変化してきた。

旧来の一方向的で明示的な命令型コントロール的しつけの型ではな

表10-1　しつけの型―見える統制・見えない統制

| 社会化・統制の型 | 見える統制 | 見えない統制 |
|---|---|---|
| 家族の類型 | 地位家族 | 個人志向家族 |
| 家族の役割分化と構造 | 構成員の役割分化と権威構造が明瞭に規定<br>家父長制的家族 | 構成員の役割が明確に分離せず，親子の役割選択の自由度はそれぞれ拡大傾向<br>友達家族 |
| 構成員の位置づけ | 年齢，性別，出生順位によって明確に決定 | 年齢，性別，出生順位による区分は不明瞭 |
| 子どものしつけ様式 | 命令型，地位統制型<br>親から子への一方向的伝達 | 子ども自身の判断に訴えかけるパーソナル・アピール型<br>子どもの個性や自発性を重視 |
| しつけの具体例 | 「女の子なのだから……してはならない」(性別カテゴリー)「お兄ちゃんだから……がまんしなさい」(年齢的地位統制)によるしつけ | 「どうしてけんかしたのか，理由を聞かせて」「○○ちゃんにもいけないところがあったのではないかな」など，子ども自身の説明を求めながら，子ども本位の内省をうながすしつけ |
| その他 | 近代家族の浸透に伴い，親のしつけ方の主流は見える統制から見えない統制へと移行。実際のしつけ場面では見える・見えない統制は混在して用いられる。 ||

Bernstein（1971），天童編（2016, pp.24-25）をもとに作成。

く，個人志向家族では，子どもの個性重視，主体性重視の育児戦略が取られるが，実はここに，現代の「見えない統制」の逆説がある。旧来型の一方向的な命令的統制とは異なり，親子相互で交わされることばの意味をその場面ごとに解釈して適応する必要があるため，親には，子どものしつけの初期段階からきめ細やかな個性感知の能力と，絶えず見守り続けるしつけ様式が要請される。しかし，定式化されたしつけの型が後退・喪失しているだけに，親はしつけの模索と不安のなかで，逆に子どもに対する「見えない統制」を強めることになる。

　しつけの混乱，育児の不安，あるいは子どもをどうしつけていいかわからないといった親の悩みの背景には，明確な「しつけの型」の喪失，「見えない統制」としてのしつけが要請される時代の難しさがあるといえよう。

## 2．家庭でのしつけ

### (1) 家庭の教育力への関心—親のしつけ力は低下したのか

　「近頃の親はしつけがなっていない」とか，「子どもに甘い親」や「友達親子」が増えたといった，家族のしつけや教育力の低下を嘆く声をしばしば耳にする。家庭のしつけを問題視し，家庭責任を強調する論調はとくに90年代以降強まったように思われる。たとえば，1993年に政府（旧総理府）が行った世論調査では，「最近は家庭のしつけなど教育する力が低下している」と思う人は7割を超え，その理由として，①過保護，甘やかし，過干渉（64.9％），②しつけや教育に無関心な親の増加（35.0％），③学校や塾など外部の教育機関に対するしつけや教育の依存（33.1％），④親子がふれあい，共に行動する機会の不足（32.2％），⑤子どもに対するしつけや教育に自信がもてない親の増加（30.4％）（複

数回答）といったことが挙げられている（「青少年と家庭に関する世論調査」1993）。

　こうした世論の動向を背景に，政府は90年代には家庭教育に踏み込んだ提言を行った。96年の中央教育審議会第一次答申では「子供の教育や人格に対し最終的な責任を負うのは家庭であり，子供の教育に対する責任を自覚し，家庭が本来，果たすべき役割を見つめ直していく必要がある」との「家庭責任論」の文言，その後，神戸で起きた連続児童殺傷事件（1997年）ののち，98年の同審議会での答申のタイトルは「新しい時代を拓く心を育てるために―次世代を育てる心を失う危機―」と「心の育成」が問題視された。家庭のしつけと教育力は，社会的・政策的課題として注視されていったのである。

　振り返れば90年代は，親子のコミュニケーション，学校へのしつけ依存，育児不安，過保護といった親の養育態度への批判的な見方が強まった時期であった。加えて，子ども虐待の問題が顕在化した時期であることも，その背景要因の一つであったかもしれない。

　しかし，実際に家庭で子どもとコミュニケーションがうまくとれない親が増え，子どものしつけ力が減退し，しつけに熱心ではない親が増えているのか，といえばそうとはいえないデータもある。前述の「青少年と家庭に関する世論調査」（1993）では，18歳以下の子どもがいる親に「家庭での親子間での話し合いやふれあいの機会」を尋ねたところ，「十分ある」（33.2％），「ある程度ある」（56.8％）を合わせて9割が肯定的な回答をしていた。この結果は79年調査と大差はない。また「しつけや教育のしかたがわからない」（5.1％），「子どもにどのように接してよいのかわからない」（3.0％）など，90年代の調査では親がしつけ方そのものへの不安を感じる割合は，かなり少ないものであった。

　一方，NHK放送文化研究所の，全国の中学生・高校生とその親を対

象にした調査を検討した広井らによれば（2009），「子どものことをよくわかっている」とする親の割合が，子どもの回答よりかなり少ないという。また「子どものことをよくわかっている」との親の回答は，82年調査より2002年でかなり減っている（父親55％→32％へ，母親70％→51％へ）（広井・小玉 2009 pp.50-53）。そこからは，子どものことをよく分かっていないのではと感じ，自信がもてない親の姿が浮かんでくる。

　では，「家庭のしつけ力の低下」への注目は，どのような背景のもとで生まれてきたのだろうか。また，しつけは家庭のみの責務なのだろうか。子育ての社会史，親の育児意識の研究から考えてみよう。

### （2）親の責務の拡大化

　しつけは家庭の機能なのか，この疑問への回答は，教育と子育ての社会史研究が明らかにしてくれる。本書第3章で述べたように，江戸期の子どもの養育は地域共同体や親族の関与のもとで行われていた。また民俗学の知見が示しているように，子ども組，若者組，娘宿といった年齢階梯の集団，若者の通過儀礼といった地域独自の慣行が，一種の社会化機構をなしていた。日本の伝統的な地域共同体では，親のみに，社会化機能が限定されることはなく，むしろ親は日々の労働に追われ，幼い子どもの実質的な世話としつけは，祖父母，年長のきょうだい，近隣の人々の相互扶助を含めてかなり多様な手によってなされていたと考えられる。子どものしつけ責任を「親の当然の役割」と自明視するようになり，とくに母親の育児責任を強調するようになったのは，近代家族の登場以降のことであり，歴史的に普遍のことではなかったのである。

　家庭のしつけ力の低下は，学校教育へのしつけの依存の文脈でも強調されてきた。明治期の公教育制度の成立以降，義務教育という国家制度

が家族の外部にできたことによって，子どもを学校に通わせ，教育を受けさせることが親の新たな責務になった。そして戦後，子どもの教育期間が大幅に長期化する中で，親の役割は，小学校入学前の教育や，受験のために塾に通わせることなどを含め，「教育する家族」として，その役割を拡大してきた。1970年代以降，家庭と社会の役割分担が言われ，国や学校が，家庭が本来果たすべき任務や機能を「肩代わり」してきたかのように喧伝され，国家の責任や財政負担を軽減するための政策にとって好都合となったのが，「家庭の本来の任務であるしつけを学校に依存している」とのしつけの学校への依存言説であったとの見方もある（広井・小玉 2009 pp.108-120）。

　子どもの社会化機能をめぐって再考すべきなのは，家庭のしつけ機能の衰退や親のしつけ力不足を非難することよりも，子どもの世話と養育を家族内部に閉ざし親の責務を肥大化させてきた，「近代家族の子育ての閉塞」の道のりかもしれない。

### (3) しつけの型としつけ様式

　ここで，前述した見える統制・見えない統制について，現実のしつけ様式とのかかわりで考えてみたい。筆者が行った東京と名古屋の働く親の子育て意識調査（「働く親の子育て意識調査[注1]」2005年）からは，いくつか興味深い結果が見られた。

　まず，「将来どういう子どもに育ってほしいか」（期待する子ども像）の回答で父母ともに多いのは，自律型・自己決定型の子ども像である。①「あいさつがきちんとできる子ども」，②「自分で考えて行動する子ども」，③「責任感のある子ども」の項目では，父母ともに8割以上が「とくに大切」と回答している。また，「人に迷惑をかけない」が「とくに大切」とする回答も全体的に高い（父母ともに7割以上）。これらの

期待する子ども像のパターンは，親（父母）の学歴階層とのゆるやかな関連性がみられ，高学歴の親ほど，自律・自己決定型を志向する傾向がみられた。

　また，とくに父親には子どもの性別ごとの期待の違いが顕著に見られ，男児には「リーダーシップ」や「まじめに努力」することを求め，女児には「素直さ」「協調性」を期待する傾向がある。親の性別カテゴリーによる統制志向の根強さが垣間見える。

　しつけ様式では，「見えない統制」も実行されている。子どもの内面へのアピール型のしつけ方略をとる親は全体的に多く，子どもがいうことをきかないときに，「静かにいってきかせる」（父母とも4割），「反省をうながす」（父5割，母6割）といったしつけ方法を取る親は多い。

　ただし，実際のしつけ場面での親の対応をみると，必ずしも子どもの自発性に沿った子育てが徹底されているわけではなく，命令的コントロールを用いる親は多い。「子どもがいうことをきかないとき」のしつけ方略で，「大声でしかる」を「よくする」と回答した割合は父親の5割，母親の7割と高く，「ほとんどしない」は母親では1割に満たない。子どもが低年齢（6歳以下）の親を対象としたことをふまえつつも，子どもがいうことを聞かないときに子どもを「強くたたく」親は全体の8％，「軽くたたく」をあわせると3割を超え，強制的しつけ様式がかなりの割合でみられる。

　このような結果から読みとれるのは，現代の若い親たちが，理想の子ども像としては，子どもの自主性，自己決定を重視するが，しつけ場面では「いうことをきかない子ども」と向き合ったとき，「大声でしかる」「たたく」といった強制的しつけ力が行使されるという傾向である。このようなしつけ状況は，「思い通りにいかない育児」の葛藤を抱えたり，親の不安や悩みを受け止める他者不在の孤立化育児に陥ったりした

場合，不安は増幅され，育児ストレスをため込むリスクも浮上させる。

　前述したように，社会化エージェント（親）の依拠すべき規範（しつけの型）が後退しているだけに，かえって社会化エージェントの枠づけが強まり，子どもはきめ細かなエージェントの眼差しに常にさらされ，それは，子どもへの隠れた統制の強化となる。

　バーンスティンが，「目に見えない教育方法」の概念によって示したのは，社会における集団本位から個人本位への移行が，必ずしも自由な社会の出現を意味しないという支配・統制のパラドックスであった（柴野 2007）。子育てのなかの支配・統制の作用は，よりいっそう日常生活の奥深くにまで侵入することによって潜在化し，隠されるという現代社会のジレンマ，すなわち自由で個人本位になるほど，統制が秘かに強化される「見えない統制」を浮き彫りにするのである。

## 3．子育てしやすい社会に向けて

### （1）親の育児不安と悩み

　近代家族の浸透以降，日本では戦後の高度経済成長期以降，子どものしつけ責任が親の，とくに母親の役割として強調されるようになった。つまり現代の子育ての困難の背景には，地域社会の変容と性別役割分業体制のもとで，多様な社会化エージェントが手を引き，育児の責務が母親の肩に重くのしかかったことがある。

　現代社会において，育児の責務を実質的に請け負い，日々の子育てにあたっているのは，社会化エージェントとしての親たちである。とくに母親の育児の悩みや育児不安の問題は，日本ではすでに1970年代から取り上げられていた。

　育児不安は，親が日常的な育児の営みの中で抱く，蓄積された不安の

ことである。主に，母親にとっての育児不安は，育児に自信がもてないとか，育児が思い通りにいかない心配，悩み，困惑，さらに自分は母親失格ではないかといった自己否定的感情も含まれる。

　子育てという行為は，生身の子どもが相手であり，すべてが親の思う通りにはいかないもので，心身の発達やしつけ方，食事，友達とのかかわりなど，成長段階を追ってなんらかの育児の悩み，心配を感じる親は多い。そのちょっとした不安や悩みを相談する相手がいない場合，あるいは，子育て期の母親が，親と子だけの密室育児に陥った場合，育児不安は増大しやすい。

　厚生労働省による「人口減少社会に関する意識調査」（2015年）によれば，0-15歳の子どもがいる人に対して「子育ての負担・不安」を尋ねた設問では，「とてもある」「どちらかといえばある」をあわせて72.4％が「ある」と回答している。また，男女別では女性のほうが「負担・不安」があると回答した割合が高い（77.3％，男性67.4％）。さらに同調査では，負担や不安の内容で多いのが「子育ての出費がかさむ」（46.2％）と「将来予想される子どもにかかる経済的負担」（40.8％）であり，子育ての経済的負担の重さが読み取れる。

　また，内閣府の「少子化と夫婦の生活環境に関する意識調査」（2012年）から「子どもを育てていて不安に思うことや悩み」の男女別データでは，「自分の自由な時間が持てない」（女性48.1％，男性40.3％），「子育てによる身体的疲れ」（女性34.3％，男性23.8％），「余裕をもって子どもに接することができない」（女性35.5％，男性16.4％）などと，いずれも母親の側に負担を感じる割合が高い（厚生労働白書2015）。

　加えて，前述の天童による「働く親の子育て意識調査」（2005年）から，共働きの父母の子育て意識について見ると，「子どもがいることで

の負担感，不利益感」では，ほぼすべての項目で母親の方が高く，父親の負担感の割合を大きく上回っていた．共働きとはいうものの，家庭内の再生産役割，育児の負担感は共に分かち合いとはなかなかいかないようだ．さらに働く母親の就労形態別では，フルタイムの母親よりもパートタイマー・家族従業者の母親に「子どもがいることでイライラ」「自信がもてない」と感じるものが多かった．

　このような調査結果が示唆するのは，一つには格差社会がいわれるなかで，子育て世代の家族の経済的負担感の強さであり，もう一つは父親の育児参加が求められつつも，実際に育児の担い手の中心的役割となっている母親の側に育児の不安と負担が重くのしかかっている現実である．

### （2）子育ての担い手再考

　現代の子育ての困難を乗り越える方途として，社会化の担い手を再考してみよう．子どもの未来をひらく手立ての一つは祖父母力の再発見，もう一つは地域社会と子どもの発達の視点である．

　一般に，働く母親の子育てと就労継続を支えてきたのは，保育所とともに，なにかのときの「実家の親頼み」であった．近年の注目点は，祖母だけでなく，祖父の孫育てへの参加である．イクジならぬイクジイ，ソムリエならぬソフリエと，育児する祖父への着目もありうるだろう（島 2010）．今の祖父母世代は，高齢者とカテゴリーするには身体的にも精神的にも若い（安藤 2017）．平均寿命からみても，育児にかかわった孫が将来成人するのを見るのも十分可能である．現代の祖父母世代には特徴がある．それは，本章で取り上げてきた「近代家族」の性別役割分業体制の体現世代であることだ．現代の「祖父」世代の男性たちは，自分の子の子育て期には，稼ぎ手役割に特化し，子どもの運動会，文化

祭を見に行くよりも仕事優先で生きてきた元「企業戦士」が少なくない。

生涯発達の視点からも，孫の育児へのかかわりは，仕事中心の生活構造とは異なる次元での再生産領域（ケアの世界）の穏やかな発見に出会う機会ともなろう。

### （3）地域社会と親子の発達

最後に，親の不安と戸惑いを，親としての自信と助け合いにかえる手立てとして，地域社会の役割に触れておきたい。

親は最初から親役割を身につけているわけではなく（母親は妊娠によって身体的には親になっても社会化の役割は後天的学習による），親になるための学習のプロセスが，実は必要である。

家庭教育はともすれば，子どもの発達とそのための学習に焦点を当てがちになるが，親が親であること／親をすること（parenting）をサポートする学びの機会への着目も欠かせない。

地域社会のなかで，生涯学習において，親の学び（家庭学級や家庭教育）の機会は皆無ではないものの，育児にかかわる具体的事柄（子どもの食事の作り方，子どもの病気の知識，母子体操といった実践知）だけでなく，社会とつながる学び，つまり子育て期の親にとって広がりのある学習機会と内容の一層の充実が課題であると思われる。

地域社会における子どもの仲間集団，隣人関係の希薄化（住田編 2010）が指摘されて久しいが，現代の親たちを，「我が子」育てに熱中させる「ペアレントクラシー主義」（天童 2011，本書第6章参照）に陥らせることなく，拓かれた子育ての担い手として，市民として，親もまた成長できる，地域社会の創造が必要な時代に，私たちは生きている。

》》注
1) 都市部の保育園の協力を得て，東京都内（7か所）と愛知（名古屋市・隣接する日進市の4か所）の保育所に子どもを預けている共働きの親730組（父母計1460票）を配布し，390組（回収率53％）の回答を得た（天童睦子 2005『若い親のしつけと子育て意識に関する調査研究―東京・愛知の働く父母の意識調査から―』報告書。

### 学習課題

（1）しつけの語源を調べ，社会化，教育との違いを整理してみよう。
（2）しつけの国際比較の視点から，いくつかの地域，文化の育児様式の違いを調べてみよう。
（3）しつけにかかわる親の不安，戸惑いを軽減させる方途にはどのようなことが考えられるか。例をあげて整理してみよう。

### 引用文献

安藤究　2017『祖父母であること―戦後日本の人口・家族変動のなかで』名古屋大学出版会
Bernstein, B., 1971, *Class, Codes and Control vol.1*：*Theoretical Studies Towards a Sociology of Language*, London：Routledge & Kegan Paul（＝1981，萩原元昭編訳『言語社会化論』明治図書）
萩原元昭　1985「家族の役割体系と社会統制」　柴野昌山編『教育社会学を学ぶ人のために』世界思想社，60-75
広井多鶴子・小玉亮子　2009『文献選集　現代の親子問題第Ⅱ期「問題」とされ

る親と子：別巻　解説』日本図書センター
柴野昌山編　1989　『しつけの社会学―社会化と社会統制』世界思想社
柴野昌山　2007「見えない教育統制と知識伝達」　天童睦子編『知識伝達の構造―教育社会学の展開』世界思想社，65-80
島泰三　2010　『孫の力―誰もしたことのない観察の記録』中公新書
住田正樹編　2010　『子どもと地域社会』学文社
天童睦子編　2004　『育児戦略の社会学―育児雑誌の変容と再生産』世界思想社
天童睦子　2011「育児メディアの変遷」　永井聖二・神長美津子編『幼児教育の世界』学文社，110-123
天童睦子編　2016　『育児言説の社会学―家族・ジェンダー・再生産』世界思想社
天童睦子　2017　「しつけの社会学的アプローチ―なぜ子育てがつらいのか」『チャイルドヘルス』vo.20（1）54-56
恒吉僚子　1992　『人間形成の日米比較』中公新書
柳田國男　1964「親のしつけ」『定本柳田國男集』第29巻　筑摩書房

# 11 | ひとり親家庭の現在と支援のあり方

東野充成

《目標＆ポイント》 ひとり親家庭は様々な面で構造的に不利な状況に置かれている。本章ではその実態を確認するとともに，ひとり親家庭に対して社会はどう支援することができるのか，現行の社会政策に潜む課題と今後のあり方を考える。
《キーワード》 現金給付，現物給付，児童扶養手当，ワークフェア

## 1．ひとり親家庭の現在

### （1）ひとり親家庭に対するまなざし

すべての家庭が十分に子育てや教育に携われるわけではない。そもそも，子育てや教育に関して，構造的に不利な状況に置かれている家庭もある。こうした家族のひとつに，ひとり親家庭がある。

ひとり親家庭とは，本来は家族を分類する一カテゴリーに過ぎない。すなわち，父親あるいは母親の一方のみで子どもを養育する家族のことである（両親ともに欠けており，祖父母等が子どもを養育する場合も含まれるが，議論が煩雑になるため，ここでは先述のように定義したい）。だが，ひとり親家庭に対してはこれまで，社会から負のまなざしが注がれることが多かった。たとえば，ひとり親家庭を指して「欠損家族」という表現が用いられることがあったが，この表現は明らかに，両親がそろっていない家庭を「異常」とみなすような価値観を含んでいる。ひとり親家庭を劣位に置くような社会的まなざしは確かに存在する。

実態的にも，多くのひとり親家庭はふたり親家庭に比べて，劣悪な環境に置かれている。ひとり親家庭の親は，母親で81％，父親で91％が就労しているにもかかわらず，平均年収はそれぞれ223万円，380万円と，児童のいる家庭の平均年収697万円からは大きく下回っている（厚生労働省『平成23年度全国母子世帯等調査』より）。ということは，ひとり親家庭の親は，就労自体が不安定である，賃金が安い，残業や休日出勤が制限されるといった，経済的に不利な状態に置かれているということである。

むろんこれは平均値の話であって，様々なタイプのひとり親家庭が現実には存在する。親が専門職等比較的賃金の高い職業に従事しており，経済面ではあまり不安のないタイプ，祖父母や親戚など人的ネットワークを幅広く有しており，子育てにかかる負担が比較的少ないタイプなど，問題をあまり抱えていない家庭も多い。また，志田（2015）が明らかにしたように，子どもたちは自己の家庭経験を肯定的に理解しようとし，同居親以外のつながりを豊富にもち，それを活かしながら生き抜こうとしている。このように，ひとり親家庭と一口に言っても様々なタイプや生き方があり，過度に「憐憫」の眼で見ることはむしろひとり親家庭のスティグマ化につながりかねない。

しかしながら，多くのひとり親家庭が様々な面で不安定な状況に置かれていることもまた確かである。以下では，ひとり親家庭の置かれた状況について確認してみよう。

### （2）ひとり親家庭の現状

前掲の厚生労働省の調査によると，母子家庭は全国で約124万世帯，父子家庭は約22万世帯と推計される。ひとり親家庭になった理由の7割以上は離別によるものである。ほとんどのひとり親家庭の親は就労し

ているが，母子家庭の母親のうちパート・アルバイトと回答した者は47.4％に達し，不安定な就労状態にあることが見て取れる。

　労働政策研究・研修機構が行った「第3回（2014）子育て世帯全国調査」（2015年6月公表）によると，ふたり親家庭の11.8％は暮らし向きが大変苦しいと回答しているのに対して，ひとり親家庭では27.3％に上る。実際，ひとり親家庭の52.8％は，年収が300万円未満である。特に母子家庭が経済的に厳しい状況に置かれやすいのは，不安定な就労状況という問題もあるが，多くの離別母子家庭で，父親から養育費を受け取っていないという背景もある。同調査によると，父親から養育費を受け取っているのは2割未満にすぎない。

　また，小学生以上の子どもをもつ世帯のうち，いずれかの子どもが不登校を経験した世帯の割合は，ふたり親家庭では4.3％なのに対し，母子世帯では9.1％，父子世帯では19.0％となる。父子家庭は経済的な面では母子家庭より多少恵まれているかもしれないが，子どもの教育という面では大きな課題を抱えていることがうかがえる。ひとり親家庭が子どもの教育にとって困難を抱えていることは稲葉（2008）でも示されており，15歳時に父親がいなかった者の教育達成は，そうでない者と比較して高校や短大以上の学校の進学率，高校卒業率等で低いことが明らかになっている。

　2008年に大阪市で行われた調査では，ひとり親家庭になって困ったことが，父子家庭，母子家庭別に明らかにされている。本調査を紹介した神原（2012）によると，母子家庭で最多の回答は「経済的に困った」（74.0％）だったのに対して，父子家庭では同回答が43.8％に減る一方，「仕事と子育ての両立が困難だった」という回答が55.2％と最多となった。一口にひとり親家庭といっても，母子家庭か父子家庭かによって，それぞれが抱える課題は大きく異なる。

ひとり親家庭に育った子どもの声をより直接的に知るには，神原（2014）が参考になる。同書では31名の子どもに対するインタビューを通して，子どもたちの経験や子どもの目から見たひとり親家庭の問題が浮き彫りにされている。同居する実の親だけでなく，再婚した義理の親がよりどころとなっている場合や，別居する実の親がよりどころとなっている場合など，子どもと親との関係ひとつとっても，実に多面的である。一方で，親からの暴力，周囲からのまなざしなど，社会的支援の必要性を喚起する子どもたちの声も描き出されている。

　経済的な面から派生して，また経済的な面だけにとどまらず，多くのひとり親家庭が様々な生活上の困難を抱えていることがうかがえる。こうした課題に対して，政治や社会はどう向きあえばよいのだろうか。

## 2．児童扶養手当と母子家庭

### （1）現金給付と現物給付

　ひとり親家庭に対する社会的な支援のあり方を考える上で参考となるのが，フレイザーの提起した「再配分」及び「承認」という概念である（Fraser&Honneth訳書 2012）。「再配分」とは経済的不平等という不公正を是正するための経済的再配分をめぐる政治力学を意味し，「承認」とは文化的非承認・誤承認という不公正を是正するための文化的承認をめぐる政治力学のことである。ひとり親家庭に支給される児童扶養手当はまさに経済的な再配分をめぐる問題であるし，同時にそれらを受給する人々が社会からどのように認知されているのかを問う「承認」の問題でもある。こうした観点にのっとって，ひとり親家庭に対する社会的な支援のあり方を考えてみたい。

　その前に，ひとり親家庭に限らず，現在日本で行われている子育てに

関する経済的な支援策を確認しておこう。一口に子育てに対する経済的支援といっても，出産そのものに対する支援から，奨学金や授業料の減免など，子どもの発達段階に応じて様々なメニューが用意されている。その内容も，学校教育を受けることに対する援助から，社会手当の支給，税法による調整，保育・教育・医療等の現物給付など様々である。これらすべてを本章で概観することは難しいので，主に高校生までを対象とした経済的支援策を紹介する。

表11-1はそれをまとめたものである。経済的支援策をめぐっては常に対立するふたつの論点がある。ひとつは支援を現金で行うのか現物で行うのかという問題，もうひとつは所得にかかわりなくすべての対象者に同一の支援を行うのか，差異や段階を設けるのかという問題である。日本の場合，現金給付が比較的少なく，受給に際して所得制限が設けられることが多い。

現金給付か現物給付かをめぐっては，それぞれに主張がある。まず現金給付のメリットについて，子どもの貧困対策という文脈であるが，阿部（2014）は以下のようにまとめている。①効果が「確実」である（少

表11-1 子育てに関する主な経済支援策（平成28年度現在）

| | 就学前 | 小中学校 | 高校 |
|---|---|---|---|
| 教育 | 幼児教育無償化の動き | 就学援助 | 授業料の無償化 |
| 福祉 | 児童手当（所得制限あり） | | |
| | 児童扶養手当（所得制限あり）<br>生活保護母子加算・教育扶助 | | |
| 医療 | 医療費助成（自治体による差あり） | | |
| 税制 | | | 扶養控除 |

なくとも現金が届く）。②汎用性がある（モノやサービスの質，各家庭の置かれた状況に左右されない）。③金銭的なストレスの緩和（家計が苦しい，生活苦といったストレスを和らげる）。

　一方，現金給付のデメリットとしては，まず各家庭で何か必要なものがあっても，市場で提供されているモノやサービスしか入手できないという点である。また，日本の子育てに関する現金給付は到底ひとりの子どもを育てるのに十分なものではない。したがって，もし子育てにかかる経済的支援策が現金給付に偏り現物給付が手薄となった場合，これまで入手できていたモノやサービスが手に入らない，あるいは後回しにされるといったことが懸念される。

　一方，現物給付の最大のメリットは，子どもが発達していく上で基盤となるモノやサービスを各家庭の事情に依ることなく提供できるという点である。たとえば，乳幼児健診は原則無償で提供される現物給付のひとつであるが，仮に乳幼児健診にかかる費用を各家庭に配布した場合，健診を受けさせない家庭が出かねない。子どもにとって最低限必要なものをあまねく行き渡らせる上で，現物給付のもつ意義は大きい。

　ただし，この点はデメリットにもなりうる。一律に提供するということは画一的になりがちで，各家庭に応じたモノやサービスを提供することは難しい。また，たとえ国や自治体がきめ細かく提供したとしても，利用されなければ無駄になってしまう。モノやサービスを提供するということは，施設や設備，人材等を初期に整えなければならず，結果的にこうした「初期投資」を無駄にしてしまう危険性がある。

　このように，それぞれにメリット・デメリットがある。通常の社会政策においては，両者は併用されて政策のパッケージが形づくられる。ひとり親家庭に対しては，児童扶養手当という現金給付がなされる一方，就労に向けての職業訓練等が併せて用いられている。問題は，それぞれ

のメリットをどのように最大化し，総体として子どもの健全育成に向けた力強い経済的支援策となるかどうかである．次に，ひとり親家庭に対する代表的な現金給付である児童扶養手当が抱える課題を確認する．

### (2) 死別と離別

ひとり親家庭に対する政策を「再配分」と「承認」という観点からとらえるとき，「再配分」を代表するもっとも代表的な政策は児童扶養手当である．児童扶養手当とは，「父又は母と生計を同じくしていない児童が育成される家庭の生活の安定と自立の促進に寄与するため，（中略）児童の福祉の増進を図ることを目的とした」（児童扶養手当法第1条）社会手当の一種である．母子家庭に限らず父子家庭も厳しい経済状態に置かれている中で，2010年から父子家庭にも支給されるようになった．

しかし，児童扶養手当の歴史を振り返ってみると，母子家庭であっても支給対象とならない家庭も存在した．児童扶養手当が発足したきっかけは，1959年に国民年金法が成立したことによる．国民年金法では，死亡母子家庭に対して母子年金給付制度が設けられた．一方，離別母子家庭に対しては，何らの保険金あるいは手当も支給されなかった．そこで，1961年に児童扶養手当法が制定され，離別母子家庭にも児童扶養手当が支給されるようになった．2年あまりの出来事だが，日本の母子家庭政策は，母子家庭を死別と離別に差異化し，死別母子家庭は当初から手厚く保護する一方，離別母子家庭にはその後の認識の高まりの中でようやく手当が支給されるようになったわけである．

ところが，1980年代に行財政改革の気運が高まると，真っ先に見直しの対象とされたのが児童扶養手当であり，実際に1985年改正法の成立により，児童扶養手当はその受給の要件が厳しくなった．従来は，前

年度の所得が361万円未満の場合には一律に第一子月額32,700円という支給額だったが，改正法の成立により，所得が171万円未満の場合には第一子月額33,000円とし，所得が171万円以上300万円未満の場合には第一子月額22,000円と改定された。一方，母子福祉年金は遺族基礎年金という形に変更された。

　この点につき，当時反対運動に携わっていた金住（1985）は，「父と死別した母子家庭の児童にはいっそう手厚く，父と離別した母子家庭の児童には，いっそう給付を引き下げ，恩恵的，救貧的な扱いとしたのです。（中略）『夫に添いとげた妻の子』と，『勝手に離婚した妻の子』とでは明らかな差別扱いとなっているのです」と述べている。ここでの批判の主眼は，支給額の切り下げそのものよりも，死別母子家庭と離別母子家庭との「差別扱い」に向けられており，離別母子家庭に対する「承認」をめぐる問題提起である。死別母子家庭と離別母子家庭を異なる政策体系で取り扱う必要があるのか，その妥当性や公正性を検証する必要がある。

### （3）認知と扶養

　実は児童扶養手当にはその成立当初から支給を打ち切られる家庭が想定されていた。それが，父親の認知によって，未婚の母子家庭から新たに父親が出現した家庭である。実際，この規定によって児童扶養手当の支給が打ち切られた家庭は存在し，支給打ち切り処分の取消しを求めて各地で裁判も提起されている。

　なぜこのような問題が起きたのかというと，当時の児童扶養手当法では，4条1項において，児童扶養手当の支給要件として，5つの号を定めていた。そのうちのひとつが「5号 その他前各号に準ずる状態にある児童で政令の定めるもの」で，この5号の規定を受けて，児童扶養手当

法施行令1条の2は3号で次のように定めていた。「3号母が婚姻によらないで懐胎した児童（<u>父から認知された児童を除く。</u>）」。下線を付した3号括弧書の規定を受けて，児童扶養手当を受けていた児童が支給を打ち切られるという事態が発生し，裁判へと持ち込まれたわけである。なお，1998年政令第224号により，件の括弧書部分は削除され，現在ではこの問題は条文上解決されている。

この件に関して最高裁は次のように述べて，認知を受けたことによる支給の打ち切りを違法と断じた。

> 認知によって当然に母との婚姻関係が形成されるなどして世帯の生計維持者としての父が存在する状態になるわけでもない。また，父から認知されれば通常父による現実の扶養を期待することができるともいえない（平成14年1月31日最高裁判決より）

いずれにせよ，児童扶養手当法はその成立当初から，母子家庭を分断する機制をはらんでいたわけである。この場合の基準とは，婚姻によって産まれた子どもかどうかである。婚姻によって産まれた子どもの場合，父親が離婚後養育費を払っていても手当が支給される一方，婚姻外で産まれた子どもの場合，父親が認知をした途端に実際に養育費を払っているかどうかにかかわりなく手当が打ち切られる。

こうしたことからも，児童扶養手当に代表される，ひとり親家庭に対する政策は，「再配分」の問題だけでなく，「承認」の問題でもあることがうかがえる。

## 3. ひとり親家庭とワークフェア

### （1）児童扶養手当のワークフェア化

　以上のように，児童扶養手当制度はある時期まで，死別か離別か，婚姻内か婚姻外かという身分的な基準によって母子家庭を分断してきた。こうした基準は徐々に消失していったが，児童扶養手当の支給対象となる基準自体が消滅したわけではない。社会政策全体のワークフェア化の中で，その基準はより不可視なものへと変化し，別の問題を生み出している。

　2002年の児童扶養手当法の改正は，歴史的転換とも位置付けられるものであった。その主な内容は，母子家庭の母親に対する就労支援の強化と児童扶養手当の見直しで，児童扶養手当の受給開始から5年を経過した場合には，手当額の一部を支給しないというものである。こうした制度を導入する理由を，当時の厚生労働省局長は「なるべく早く自分の就労による収入で自立していただけますよう」（2002年11月6日衆議院厚生労働委員会会議録より）と述べている。つまり，働いて自立してもらうために手当を減らしていくという趣旨である。

　このような基準の変化は，近年のワークフェア型国家への変化と軌を一にする。ワークフェアとは，「何らかの方法を通して各種社会保障・福祉給付を受ける人々の労働・社会参加を促進しようとする一連の政策」（埋橋2007）と位置付けられる。2002年の児童扶養手当法の改正はこの変化に当てはまるものである。こうした政策体系への変化は結果的に，〈成果を出す者〉と〈成果を出せない者〉へと母子家庭を分断していく。

　山森（2009）が述べるように，日本における母子家庭に対するワークフェア政策には，所得補償の縮小や条件の強化といった「鞭」が強調さ

れ，給付型税額控除などの「飴」が連動していない。また，日本の母子家庭の母親たちのほとんどはそもそも就労している。こうした状況下でワークフェア政策を実施することは，あまり意味がないどころか，「福祉に頼る母子家庭」という歪曲化されたイメージを社会に喚起し，本来，労働市場や雇用環境の問題として考えるべき課題を，母子家庭へと帰責してしまう。こうした点で，現下のワークフェア型児童扶養手当政策には，大きな問題が含まれている。

### （2）残された課題

児童扶養手当はその支給対象者を常に峻別しながら存続してきた。確かに外形的な基準によって支給対象となるかどうかという問題はほぼなくなったが，2002年の改定によってより内在的な支給基準が設定されることとなった。こうした基準は不明確であるがゆえに，排除に晒された母子家庭をより見えなくする危険性をもつ。また，自己責任が求められる中で，社会や政治の責任を隠ぺいする危険性もある。こうした問題を検証し続けていくことが必要だろう。

同時に，税法まで含めた広義の社会政策においては，いまだに外形的な基準によって母子家庭を分断する政策が残されている。たとえば，所得税法上の寡婦控除である。寡婦控除とは夫と離別・死別した後に扶養親族や生計を一にする子どもがいる人が受けられる所得控除の一種であり，寡婦控除を受けていることに伴い，保育料や公営住宅の賃料が安くなる場合もある。税法上この控除を受けられるのは一度婚姻した後に離別・死別をむかえたカップルだけであり，未婚の母には適用されない。

そこで自治体によっては，シングルマザーの母親でも寡婦控除を受けている人と同等に扱おうという「みなし適用」が拡大している。2016年6月20日付西日本新聞によると，九州の各自治体で2013年度ご

ろから「みなし適用」が広がりつつあるという。自治体が独自にこうした適用に踏み切るのは，国が所得税法の改正になかなか着手しないからである。その理由を同記事では，「未婚の出産を奨励することにつながり，家族像が崩れる」という意見をもつ保守系議員の影響が大きいからだとしている。このような懸念が現実化するのかどうかは判断できないが，所得税法についても見直しの必要があるだろう。「家族像」の犠牲になるのは子どもたちである。

### 学習課題

(1) ひとり親家庭の子どもは，どのような点で，ふたり親家庭の子どもに比べて不利な状態に置かれることが多くなるのか，考えてみよう。
(2) ひとり親家庭の実態を踏まえて，今後の児童扶養手当のあり方について考えてみよう。
(3) 社会政策全体のワークフェア化の流れについて，あなたの考えをまとめてみよう。

## 引用文献

阿部彩　2014　『子どもの貧困Ⅱ―解決策を考える―』岩波書店

Fraser, N. & Honneth, A. 加藤泰史監訳　2012　『再配分か承認か？―政治・哲学論争―』法政大学出版局

稲葉昭英　2008「『父のいない』子どもたちの教育達成」中井美樹・杉野勇編『ライフコース・ライフスタイルから見た社会階層』2005年SSM調査シリーズ9

金住典子　1985「児童扶養手当法『改正』の骨子と問題点」世紀をひらく児童の権利保障を出版する会編『世紀をひらく児童の権利保障―児童扶養手当制度を考える―』径書房，17-35頁

神原文子　2012　『ひとり親家庭を支援するために』大阪大学出版会

神原文子　2014　『子づれシングルと子どもたち』明石書店

志田未来　2015「子どもが語るひとり親家庭―『承認』をめぐる語りに着目して―」『教育社会学研究』第96集　303-322頁

埋橋孝文　2007「ワークフェアの国際的席巻―その論理と問題点―」埋橋孝文編『ワークフェア―排除から包摂へ？―』法律文化社

山森亮　2009　『ベーシック・インカム入門―無条件給付の基本所得を考える―』光文社新書

# 12 | 児童虐待はいかに語られるか
## ──虐待発生のメカニズム

遠藤 野ゆり

《**目標&ポイント**》 児童虐待は，現代の家庭教育を語るうえで欠かすことのできない，重大で由々しい問題である。これはしばしば，保護者の未熟さや非人情などに起因すると語られるが，本当にそうなのだろうか。児童虐待は，社会の側からはどのような要因があるととらえられているのか。また保護者自身にとっては，どのような経験なのか。児童虐待の語られ方という観点から，児童虐待の実相を捉える。そして，読者一人ひとりがこの問題にどのように向き合うのかを考える。

《**キーワード**》 児童虐待，不適切な養育，児童虐待のリスク要因，ナラティヴ

## 1. 虐待が「語られる」とはどういうことか

　本章では，「語り」という観点から児童虐待という事象を捉える。そこには二つの理由がある。

　まず何よりも，児童虐待に限らずあらゆる問題は，その問題について「語られる」ことによって初めて，社会にとって存在することになるからである。たとえば万有引力はずっとはたらいているが，ニュートンに発見される以前には，私たち人類にとっては存在していなかった。同じように児童虐待も，1990年代になって日本でこの問題が語られるようになるまでは，存在そのものが認められずにいた。しかし広田照幸は，日本のかつての子育てが牧歌的で貧しいながらも温かいものだったとい

うのは幻想にすぎない，と主張している（cf. 広田 1999）。さらには，日本では昔から，焼けた火箸を押し付けるなどの激しい身体的虐待を「折檻(せっかん)」と呼んできた。他にも，「子殺し」「育児放棄」といった語彙が昔からあることからすると，かつての日本社会においては，その存在が語られず気づかれずにいたが，深刻な虐待がたしかにあった，といえるだろう。

　第二に，児童虐待問題では，虐待を被る子どもと虐待する保護者という当事者の声はなかなか届いてこないからである。ニュースなどマス・メディアを通して見えてくるのは，虐待する保護者への「外側」からの批判である。また近年は，虐待してしまう保護者の経済的貧困など，虐待を引き起こしてしまう要因なども語られるようになってきた。しかし，こうした外側からの語りでは，「いくら経済的に困窮しても，なぜかわいいわが子を虐待できるのか」，「虐待する親は何を思っているのか」，といった疑問はつきない。当事者という内側からの視点がなければ，この問題の根本は十分な理解に至らないであろう。

　つまり，今語られている「児童虐待」は，実際に起きている事態を必ずしも正確に反映したものではないかもしれないのだ。そこで，児童虐待はどのように語られているのか，それに比して実態はどのようなものなのかを探ることが，本章の目的である。

## 2. 社会は虐待をいかに語るか

### (1)「児童虐待」ということば

　児童虐待の語られ方に先立って，最初に考える必要があるのは，「児童虐待」という言葉のニュアンスである。児童虐待という言葉でイメージされるのは，「鬼親」「残虐非道」といった「ひどい親」像であろう。

こうしたイメージの形成には，深刻な怪我や死亡といった重大事例のみがマス・メディアによって語られる，ということに加えて，「虐待」つまり「虐げて待遇する，残虐に取り扱う」というこの言葉のニュアンスも多大に関わっている，と考えられる。

現実に起きている児童虐待は多種多様であり，たしかに中には目をそむけたくなるような残虐なケースもないわけではない。しかし，たとえば2013年4月1日～2014年3月31日の児童虐待による死亡件数は63件（69人）であり，これはこの時期の児童相談所に寄せられた児童虐待相談件数73,802件のうちの0.085％にすぎない[注1]。もちろん69人もの子どもが亡くなっているという最悪の事態は，深刻に受け止めなければならない。けれど同時に，児童虐待という言葉がいつもこうした残虐な事態を指すのではないこと，児童虐待の大半を占めるのは，もっと「軽度」の，それゆえより身近であり「どこにでも起こりうる」（厚生労働省 2009）といえるケースであることも，忘れてはならない。

貧しくて，子どもに十分ご飯を食べさせられない。子育ての悩みを聞いてくれる家族や友人がおらず，孤独だ。自分は厳しいしつけで厳格に育てられたので，同じように子どもにも厳しくしつけをする。

児童相談所が日々取り扱う児童虐待は，具体的には，こうしたケースを多く含んでいる。そこには子どもを傷つけようとする意図はなく，むしろなるべく子どもにより良い養育を，という保護者の願いが感じられる。しかしながら，経済的余裕も人的サポートも不足した中での子育ては，子どもの心身の育ちという観点から見ると，望ましいとはいえない。児童虐待という言葉で語られる現実は，こうした，望ましいとはいえない養育のことである。言葉と現実の大きな乖離は，児童虐待がいかに語られるかを考える際の重要な問題といえる。

これは，訳語の問題でもある。児童虐待は，英語の"child abuse"

を訳したものであるが、この英語は必ずしも「残虐な待遇」というニュアンスではない。西澤哲は、次のように指摘する。「"abuse"は、虐待というよりも、むしろ乱用とする方が適切であり、したがって、"child abuse"は、『子ども乱用』と訳す方が的確である」が、「それでは意味が通じないため、古くからある虐待という用語を援用し、子ども虐待が定訳として用いられることになった」(西澤 2015 pp.13-14)。

なお、child abuseという言葉には、保護者が子どもをab (誤って) useするという能動的なニュアンスが感じられる。しかし後で述べるように、保護者が能動的に加害行為を行うわけではないが、子どもをお風呂に入れない、服を洗濯しない、病気になっても病院につれていかないなど、子どもに対して適切な養育をしない(できない)こと(=ネグレクト)もしばしば起こる。そこで、こうした不十分な養育を含めた言い方として、child maltreatment (mal=悪い) という言い回しが用いられることがある。本章、および次章で取り扱う「児童虐待」とは、こうした「不適切な養育」のことである。

## (2) 児童虐待という言葉の浸透と相談対応件数

厚生労働省は、児童相談所で対応している児童虐待の件数を以下のように公表している(図12-1)。まず目を引くのは、相談対応件数の急速な伸びである。2015年度の103,260件に比べれば、情報が公開された最初の1990年度の対応件数は、100分の1に過ぎない。この相談件数の推移を根拠に、「児童虐待が年々増加傾向にある」という語りをされることがしばしばある。ただし、増加しているのは相談件数であり、児童虐待そのものではない。この点については、児童虐待への社会的関心が高まることによって、通告件数そのものが増えていることをまず指摘する必要がある。通告を受けた児童相談所は、実態調査を行い、児童虐待に

第12章 児童虐待はいかに語られるか——虐待発生のメカニズム | 179

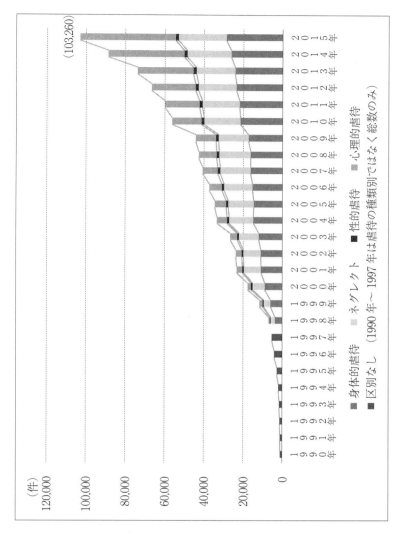

図12-1 児童相談所での虐待（種類別）対応件数の推移

相当すると判断した場合には対応していく。この推移に計上されるのは，このようなプロセスで対応された件数である。この点については次項でさらに検討したい。

推移からもう一点気づかされるのは，罵倒したり無視したりするなどの心理的虐待の占める割合の著しい増加である。これも，相談対応件数の増加と同様，問題への社会的関心の高まりを示している。子どもがけがをしたりする身体的虐待や，慢性的な空腹，汚れた着衣など目に見えるネグレクトと比べて，心理的虐待はわかりにくい。この心理的虐待に人々が気づくようになり，相談対応件数が増えているということは，児童虐待に関する社会全体の気づきが鋭くなっていることを示している。

**（3）児童虐待は増えたか**

統計上の児童虐待の相談対応件数と，実際に起きている虐待発生件数は，決して一致するものではない。それにしても，児童虐待そのものは増えているのだろうか，それとも減少しているのだろうか。

単なる関心の高まりだけでなく虐待そのものが増加している，と語る専門家もいる。たとえば，加藤曜子は，「親の未熟さや育児能力の低下，人間関係が苦手，家族関係の変化，社会的孤立」等々ゆえの「虐待そのものの増加」を指摘している（加藤 2001 p.35）。また西澤哲も，親権者の同意なしに子どもを施設などに入所させる「児童福祉法第28条」事案によって児童養護施設に入所する子どもの入所件数が増加していることなどを理由に，「子ども虐待の発生件数が実質的に増加している」と考える（西澤 2015 pp.12-13）。

他方，虐待そのものは減少傾向にある，と主張する専門家も多い。森田ゆりは，小学生以下の殺人被害者数が減少傾向にあることをもとに，「被虐児童の実数は50年前，100年前のほうがずっと多かった」と

推測する（森田 2006 p.38）。また内田良も，虐待の定義によって件数が変わることを指摘したうえで，「子どもの死亡を，事故や過失ではなく『虐待』による死亡あるいは嬰児の『殺害』と定義する蓋然性が高まっているにもかかわらず，『虐待死』や『嬰児殺』とみなされる事案の数は増加していない」ことを根拠に，「子どもへの攻撃・放置は減ってきている」と結論づける（内田 2009 pp.273-274）。

　このように，虐待が増えているのかどうかは，専門家でも意見が分かれている。多くが家庭内で発生する虐待を正確に把握することは，困難である。ただ，虐待をめぐって揺れる専門家たちの語りからは，次のことが指摘できる。私たちが四半世紀にわたり，「確かに存在しているもの」として捉えている児童虐待は，実は専門家の目にさえはっきりと捉えきれない曖昧なものなのだ。それゆえ，繰り返しになるが，私たちは児童虐待を考えるときに常に，「それについて語られていることは本当なのか」という批判的な判断を併せもたなければならない。

### （4）虐待の定義の変遷

　児童虐待の増減について議論することが困難なのは，全貌が把握しにくいからというだけではない。先述の内田も指摘するように，「何が虐待なのか」という定義もまた変化するからである。

　児童虐待そのものが可視化されるに伴い，「児童虐待とはどのような事態をさすのか」という定義もまた，明確にされていった。戦前に定められた「児童虐待防止法」で禁止されていたのは，子どもの身売りや障害児を見世物にすることなど，かなり重大でかつ極端なものである。これに対し現在の虐待の定義の大枠は，2001年に定められた「児童虐待の防止等に関する法律」（通称「児童虐待防止法」）内の文言で明示されている，身体的虐待，心理的虐待，性的虐待，ネグレクトの4つであ

る。また厚生労働省はウェブサイトで，具体的にどのような行為が児童虐待にあたるのかを列挙している。これらにも記載されているように，子どもを叩いたり蹴ったり，「死ね」など子どもに罵声を浴びせるといった行為ではなくても，子どもの育ちを阻害するような保護者の働きかけ，すなわち不適切な養育は，「児童虐待」に含まれる。

　さらに細かな定義は，関連法の改正ごとに少しずつ修正されている。その典型例は，「面前DV（子どもの同居する家庭において，配偶者に対する暴力場面を子どもに見せること）」を心理的虐待として定義づけた，2004年の児童虐待防止法改正にある。2011年には，さらにおとな同士の暴力だけでなく，きょうだいへの暴力も面前DVであり心理的虐待にあたる，と定義され直した。

　子ども自身への直接の攻撃とは異なり，保護者同士のけんか場面を見せることは，悲しい出来事ではあるが子どもを直接傷つけるものではない，と理解されていた。しかし，近年の脳科学研究の結果，子どもにとって暴力場面を見ることは，自身が暴力を受けるのにも相当するほどの損傷を脳に受けることが明らかになってきた。先に，児童虐待相談対応件数のうち，影響の見えづらい心理的虐待が増えていることを指摘したが，面前DVを警察などの諸機関が積極的に通告したことも，その大きな要因となっている。現在，児童相談所が対応する心理的虐待の約半数は，こうした面前DVが占めている。

　こうしたことからすると，児童虐待とは，どの時代でも変わらない普遍的な概念ではなく，社会のそのつどの思想や経済状況，さらには脳科学などの研究成果に応じて定義し直される，可変的な概念といえることになる。いうまでもなく児童虐待は，子どもに対する深刻な人権侵害であり，看過できない問題である。しかし，ではいったい何が児童虐待に相当するのかということは，そのつど社会が定める。社会を構成する私

たち一人ひとりが,「○○は由々しい児童虐待である」と決めるのであり,こうしたしかたで児童虐待をつくり出すのである。

## 3. 保護者は虐待をいかに語るか

　前節では,児童虐待とは社会の変化に応じて定義も内実も変容していくものであること,それゆえ,社会が児童虐待を生み出すとさえいえることを指摘した。本節では,こうした社会の語りが,虐待の当事者である保護者自身の語りに大きく影響することを考えたい。

### (1) 児童虐待発生の3つの側面

　保護者自身の語りに目を向ける前に,児童虐待発生のメカニズムが「外側」からはいかに語られているのかを,見ておきたい。

　一般に虐待の要因は,保護者自身の状況,子どもの特性,そして保育環境といった三つの側面に分けて考えられている。児童虐待の内実がケースごとに多様であるように,そのメカニズムももちろん多様である。が,多くの場合,様々な要因が複雑に絡み合うことで虐待は生じるのであり,単に保護者の資質や育児能力のみに帰すことはできない。

　一つ目,保護者自身の置かれている状況としては,保護者の精神障害や望まない妊娠など,育児をしづらくなる場合や,保護者が体罰に容認的な価値観をもつ場合などが,これに相当する。たとえば育児ノイローゼは,どんな母親もかかりうる深刻な(しかし多くの場合は一過性の)病である。また,言うことをきかない子どもを叩くことを「しつけ」と捉えている保護者の場合,養育態度はおのずと体罰的になり,本人としてはしつけのつもりで虐待をしてしまっていることになる。

　二つ目の子どもの特性としては,たとえば障害をもって生まれたり病弱だったりすると,養育はそれだけ困難になることが指摘される。特

に，子どもが自閉症スペクトラムなどの特性をもっている場合は，いくら話しかけても子どもからの微笑みかえしがないなど，子どもとの心理的交流がもてない事態がおこりやすい。また，双子など多胎児になると，保護者に課せられる育児は増大する。

　三つ目の養育環境としては，保護者の経済的不安定さや人間関係の不十分さ，再婚家庭など血のつながらない家族構成といった状況が，リスクをうみやすい要因と考えられている。保護者が育児に積極的であり子どもに育てにくさがないとしても，経済的困難や親族，地域から孤立した保護者にとっては，育児は大変困難なものである。

　実際の虐待は，こうした諸側面が複雑に絡み合い，保護者にとって育児を非常に困難なものにしてしまうことによって生じる。児童虐待は「子どもを大切にしない」「かわいがらない」など，保護者の不適切な養育態度とみなされがちだが，多くの保護者は，何とか少しでも子どもに対して良い育児をしたいと願っているのであり，それは，虐待の起きていない家庭とまったく同じである[注2]。しかしそもそも，本書で繰り返し述べてきたように，育児は誰にでもできるような容易なものではなく，即時の判断力や忍耐力，体力など，保護者の力を総動員しなければならない総合的な営みである。どのような家庭でも，育児はしばしばかなり困難なものである。そこに，こうしたハイリスクな状況が加われば，育児が「不適切」なものになるのも必然である，といえる。

　厚生労働省は，虐待リスクをウェブサイトで公表している（表12-1）。このまとめからは，児童虐待に向かうには，大別して二つのベクトルがあるといえる。一つは，経済的貧困や人間関係の困難など，社会的にネガティヴな要因により，十分な子育てをする余裕のない保護者。こうした保護者は，どれだけ愛情深くても，当人の努力ではいかんともしがたい困難に陥ってしまう。そしてもう一つは，経済的には困窮してい

表12-1　厚生労働省のあげる児童虐待のリスク要因

| ①保護者側のリスク要因 | ・妊娠そのものを受容することが困難（望まない妊娠）<br>・若年の妊娠<br>・子どもへの愛着形成が十分に行われていない。（妊娠中に早産等何らかの問題が発生したことで胎児への受容に影響がある。子どもの長期入院など）<br>・マタニティーブルーズや産後うつ病等精神的に不安定な状況<br>・性格が攻撃的・衝動的，あるいはパーソナリティの障害<br>・精神障害，知的障害，慢性疾患，アルコール依存，薬物依存等<br>・保護者の被虐待経験<br>・育児に対する不安（保護者が未熟等），育児の知識や技術の不足<br>・体罰容認などの暴力への親和性<br>・特異な育児観，強迫的な育児，子どもの発達を無視した過度な要求 |
|---|---|
| ②子どもの側のリスク要因 | ・乳児期の子ども<br>・未熟児<br>・障害児<br>・多胎児<br>・保護者にとって何らかの育てにくさを持っている子ども |
| ③養育環境のリスク要因 | ・経済的に不安定な家庭<br>・親族や地域社会から孤立した家庭<br>・未婚を含むひとり親家庭<br>・内縁者や同居人がいる家庭<br>・子連れの再婚家庭<br>・転居を繰り返す家庭<br>・保護者の不安定な就労や転職の繰り返し<br>・夫婦間不和，配偶者からの暴力（DV）等不安定な状況にある家庭 |

なくても,「わが子により良い養育をせねば」という強い思いが,「特異な育児観」や「強迫的な育児」「子どもの発達を無視した過度な要求」になってしまう保護者。こうした保護者は,むしろ子育てに過度な注力をしてしまうがゆえに,その養育が不適切なものになってしまうのである。

　これら二つのベクトルは正反対のもののようにも見受けられるが,根っこには同じ問題がある。すなわち,「なんとか良い子育てをしたい」と思いながらもその適切な方法がわからないこと,そして,自らの子育ての不安を語れる信頼できる他者がいないことだ。

### (2) 不適切な養育の自覚

　こうしたハイリスク要因が重なることにより,「子どもを大切にしたい」という保護者の切なる願いとは裏腹に,児童虐待は生じてしまう。では保護者自身は,自分の養育をどのように捉えているのだろうか。

　ニュースなどで目にする児童虐待ケースでは,保護者が「しつけのつもりだった」といった主張をすることがあり,「虐待する親は自分の虐待を自覚できない」というイメージが抱かれがちだ。また,児童相談所が困難な家庭を支援しようとしても,保護者には「自分の子育てを非難されている」「かわいいわが子を取り上げられてしまう」としか感じられず,対立してしまうケースは珍しくない。

　しかし一方で,自分の子育てを虐待的と感じ不安に思う保護者も少なからずいる。桜山豊夫らは,2013年4月〜5月の2か月間に全国の児童相談所が受理したすべての事例11,257件（うち実際に虐待と認定されたのは66％の7,432件）を検討した結果,次のことを明らかにしている。まず,相談のうち,保護者本人からの相談が3％,児童本人からは1％で,大半を占める残りは警察や近隣などからの通告である。また,

保護者自身は虐待を認めるケースが39.6％，認めないケースが30.8％であり，認めるケースの方が多くなっている（29.6％は不明，無回答）。この調査結果からは，自分の子育ては虐待だ，あるいは虐待かもしれないという自覚的な不安を保護者がもつようになっている一方で，自ら相談機関にに相談できずにいる保護者もかなり多いことがうかがえる。また，虐待を認める保護者のうちの47.0％は，認めてはいるが支援は拒否しており，自分の子育てが不適切だと自覚しつつも，安心して他者に相談したり支援を求めたりできない保護者の心理が推測される。

　保護者が虐待に自覚的になる背景には，児童虐待が幅広く知られるようになったことがあるだろう。児童虐待に限らず，現在の育児不安の中には，子育てにまつわる様々な「困った親」言説への不安がある。たとえば，子どもの通う学校に問い合わせを一つ入れるにも，「モンスターペアレントになってしまうのでは」といった不安を抱える保護者も少なくない。虐待してしまう保護者も，子育ての不安・苦悩の中で，「自分の子育ては虐待にあたるのではないか」という思いと，一方でわが子への深い愛情とに揺れ，虐待，つまり養育の不適切さを自覚しながらも支援を受け入れられないと考えられる。髙田治は，「社会が子どもにとっての最善の利益を考えていこうという流れのなかで，児童虐待は注目を集めるようになり」，「子育てに求められるレベルが高くなった」が，「子どもの最善の利益をという考え方は，子育てに時間的，経済的な余裕ができたことでできるようになったこと」であり，「子どもの貧困，経済格差が問題となっている現在，生活が苦しい保護者は少なからずいて，社会が求めるレベルまで子育てに手間をかけられず，『ひどい親』という評価を受けてしまう」ことがある，と指摘する（髙田 2015 p.191）。

### （3）保護者自身の語り

　このように考えてみると，あえて保護者の立場に立つならば，保護者は，二重の意味で社会の側から児童虐待をさせられてしまう，といえる。一つは，経済的困窮や保護者自身が虐待的な環境で育ったことなど，社会のひずみによって虐待せざるをえない苦境に陥らされていること。もう一つは，子育てに対する注目が集まり，より質の高い養育が求められるようになるがゆえに，かつてならば「余裕がないから仕方がない」と受け流されていた養育態度が，「不適切」「虐待」とみなされてしまうこと。虐待してしまう保護者が，加害的なふるまいをした時にはそのことを自覚しながらも，「児童相談所は私から子どもを取り上げようとする」など，被害的な感覚を抱きやすいことの背景には，こうした社会の側からの「虐待の語り」にさらされていることがある，といえる。

　虐待してしまう保護者の多くは，自らの養育態度を不適切だと感じたとしても，同時に，そのような養育を「強いられる」という感覚をもたざるをえない。実際，虐待している当時は，育児が苦しく何度も自殺しようと思い，「なぜ自分だけがこんなに苦しいのだ」と懊悩していた，と語る保護者もいる。そこで，ここでは保護者は自分の虐待をいかに語るのか，その語りにはどのような意味があるのかを考えてみたい。

　遠藤・大塚は，わが子への虐待からの回復を支援するMY TREE（代表：森田ゆり）のプログラムに参加した母親たちへの聞き取り調査をもとに，加害者自身にとって虐待やそれにまつわる自身の体験はどのように語られているのかを考察している[注3]。このプログラムは，虐待してしまう保護者たちが互いの話を聞き合い，また語り合うセッションと，人間の心理や子どもの育ち，怒りの対処法など具体的なアドバイスを含んだ講義とを組み合わせたものである。この活動に参加した母親たちがまず最初に驚くのは，「悩んでいるのは自分だけではなかったのだ」と

いう事実である。

　この驚きはそれ自体が，保護者の孤独・孤立を表している。もちろん保護者は，ニュースなどで虐待する親の存在は知っている。しかしニュースを通して，「自分の子育てもこういう『虐待』なのではないか」と不安に感じることはあるとしても，そこには「自分と同じように苦しんでいる仲間」は見いだせない。プログラムの中で保護者は初めて，「虐待なのではないかと不安で，けれどまぎれもなく子どもを愛しているのだ」，という保護者自身にとってリアリティを共有できる他者に出会う。

　保護者たちは，実際には様々な他者とつながっている。たとえば自分の親や配偶者，配偶者の家族，ママ友たち。こうした現実的なつながりは，しかし，虐待まで追い込まれてしまう母親たちにとって，仲間と感じられるものではない。実際，ある保護者は，ママ友と話すとかえって，その人の子育てと自分とを比べてしまい孤立した，と語る。

　プログラムを通して仲間に出会うことで，保護者には他者観の変容が生じる。それまで周囲の人は，自分の至らない子育てを非難する怖い人たち，と感じられている。だからこそ，そうした人たちから責められないように良い子育てをしようとやっきになり，疲弊してしまい，ますます適切な養育が困難になる，という悪循環に陥っている。けれども，仲間に出会い，自分の子育ての語りを責められることなく受け止めてもらい，また，ときには自分より困難な子育てをしている人の語りを受け止める中で，他者は必ずしも自分に対して加害的ではないのだ，ということを実感し始める。プログラムを通して，こうした「仲間」は，ともに同じセッションに参加している顕在的な「仲間」だけでなく，「他のセッションで同じプログラムを経験しているはずの仲間」，「過去にこのプログラムに参加したり，またこれからプログラムに参加するかもしれ

ない仲間」というように，無限の広がりの中でその存在が感じられるようになる。それまで加害的にしか感じられなかった他者が，たとえ今，目の前にいないとしてもどこかで自分を受容しサポートしてくれる存在になる。こうして，他者観そのものが変容する。

### （4）保護者自身の「物語（ナラティヴ）」

　私たちはみな，自分の人生を自分なりに意味解釈しながら生きている。たとえば，自分の人生は「充実している」「子育てに悩まされている苦しいものだ」などだ。このようにして語られる解釈を，社会構成主義の立場からは，「物語（ナラティヴ）」と呼ぶ。この物語は，第三者的に見れば単なる主観的な解釈にすぎないが，当人にとっては，自分の人生，つまり自分自身そのものである。「自己を語る行為そのものが自己をつくっている」（野口 2002 p.37）のだ。

　他方で，こうした個人的なナラティヴとは別に，たとえば「鬼親が虐待するのだ」「親として未熟だから虐待するのだ」など，世の中に広く行き渡り，多くの人に受け入れられている理屈がある。これを「ドミナント（優勢的な）・ストーリー」と呼ぶ（ホワイト・エプストン 1992）。保護者が自分の養育を，不適切だ，虐待的だ，と自覚的な物語で捉えるのは，こうしたドミナント・ストーリーの影響を強く受けるからだろう。と同時に，こうしたドミナント・ストーリーは，「子どもにイライラしてあたってしまう自分は虐待してしまうダメな親なのだ」といった自責の物語を生み出していく。これが，保護者が虐待的な状況において感じている事態の一つである。

　ところが，物語（ナラティヴ）が他者によって聞き届けられることにより，保護者の人生の語りそのものが変化していく。というのも，語り手は，自分の物語をいちど他者に託すことができるようになるからである。それまで

自責の物語にからめとられていた保護者は，その物語をいささかの距離をもって眺められるようになる。こうして，自分の人生の捉えなおしが始まる。それまでは「お母さんが一生懸命しつけてくれたのだから，叩かれたことを不満に感じた自分は悪い子だった」と語られてきた物語が，「でもやはり，体罰は暴力で自分が今苦しいのはあのときの心の傷のせいなのだ」という物語へと，「一生懸命しつけているのに，いつまでも言うことのきかない悪い子に困り果てている」という物語が，「これほど言うことをきかないのは，やはり子どもにとってこのしつけは適していないのだ」という物語へと「更新」され，「変更される」ことになる（野口 2002 p.43）。虐待的になってしまうという自覚と被害者的な感覚とに悩む保護者は，「オルタナティブ（代わりの）・ストーリーの同定と誕生」（ホワイト＆エプストン 1992 p.34）によって，その悪循環から抜け出す糸口を見つけることになるのだ。

## 4. 私たちは虐待をいかに語るか

　虐待する保護者の変容はさまざまなケースをたどるのであり，MY TREEプログラム参加者の語りは一例にすぎない。同じプログラム参加者のなかでも，それぞれの語りは異なっているだろう。とはいえ，孤立した子育てや人的資源の不足など，しばしばハイリスク要因だと語られる状況にある保護者らの多くは，いずれにせよ，「自分自身の苦しさは誰かに分かちあってもらえたり耳を傾けてもらえるものだ」，とは感じられず，深い孤立感を抱いていると考えられる。そうであるならば，虐待の解決には，母親自身がまず他者に対する信頼を取り戻し，信頼に足る他者の中で安心して子育てできる環境を生み出すことが必要になる。

　したがって，社会の構成員として私たちは，自分は児童虐待をどのよ

うに語るのか，という点に自省的である必要がある。なぜならば，保護者が他者への信頼を抱けず自責の念と不安とに悩む物語(ナラティヴ)を生きる背景には，「虐待する親はけしからん」というような，ドミナント・ストーリーが控えているからである。こうしたドミナント・ストーリーは，社会の中で多くの人に支持されることによって，優勢的になっている。それゆえ，この意味においても私たち一人ひとりは，児童虐待を生み出す当事者ともいえるのだ。

　保護者が安心して生きられる物語を生み出す，別のドミナント・ストーリーを，社会の中で育てていく必要がある。たとえば「子どもがうまく育たないのは母親が『悪い』からではない」という語り。たとえば「子育ては大変なのだからいつでもだれを頼ってもよいのだ」という語り。こうした語り（世論）が，たとえば子育て支援サービスの整備を後押ししていく。けれどサービスの整備だけではまだ不十分であろう。孤独に陥りやすい保護者は，子育てや暮らしへの公的サービス（たとえば生活保護など）を受けることに対するバッシングなどに敏感にならざるをえない。社会におけるドミナント・ストーリーが，こうしたサービスの活用をポジティヴにとらえることによってはじめて，孤立した保護者は，社会の中で安心して子育てをできるようになる，といえる。

　その方法の一つとして，「児童虐待」という概念そのものに疑念を投げかける道もある。たとえば牧は，「虐待という概念をやめて，子どもがうまく育っていないという概念に変え」ることを提案する（牧 2015 p.46）。「支援の輪を広げることが，今子ども虐待ということで行われるようになった」が，そうであるならば，「虐待という概念を使わなくとも，否，使わない方がより適切な支援を底辺から行いうる」（同所）というのである。

　牧のような主張は一例に過ぎないが，この主張から私たちが学ぶの

は、「児童虐待」という語りそのものが、すでに、「児童虐待という悪いこと」というニュアンスで、保護者を支援から遠ざけているという現実である。児童虐待に関する社会の語りは、ときに、保護者を社会の支援の外に追い出し、私の物語(ナラティヴ)は誰かに聞き届けてもらえるものではないという孤独に追いやる。そうであるならば、保護者をもう一度社会の中に引き入れる語りを、私たち一人ひとりが生み出していく必要がある。

## 》 注

1) うち死亡の27人は心中による。Cf. 厚生労働省2013「子ども虐待による死亡事例等の検証結果（第11次報告の概要）及び児童相談所での児童虐待相談対応件数等」（http://www.mhlw.go.jp/stf/houdou/0000099975.html　2017/2/21閲覧）。
2) なお、性的虐待の背景には加害者の性的指向の問題等も絡んでいる。虐待の背景を一概には語りえないのは言うまでもない。
3) Cf. 遠藤野ゆり・大塚類「物語論に基づく現象学的解釈」JaSPCANおおさか大会2016応募シンポジウムS-16「MY TREEペアレンツ・プログラムの効果：量的分析と現象学による質的分析」発表3（2016年11月25日）。

### 学習課題

(1) 児童虐待に関する最近の新聞記事を3つ以上集め、記事の中で虐待がどのように語られているのか、語り方の特徴を整理してみよう。
(2) 児童虐待をめぐるドミナント・ストーリーは一つではない。どのようなドミナント・ストーリーがあるのかを新聞記事などから考え、また自分はこれまで児童虐待についてどのように考えてきたのか、それはドミナント・ストーリーからどのような影響を受けてきたからな

のかを考えてみよう。
(3) 未熟児で生まれた子どもは児童虐待を受ける割合が高くなるという報告がある。なぜ未熟児で生まれた子どもは虐待されやすくなるのか，未熟児を育てる母親の語りを想像してみよう。

## 引用文献

広田照幸　1999『日本人のしつけは衰退したか』講談社
加藤曜子編　2001『児童相談所における児童虐待相談処理件数の増加要因に関する調査研究』平成12年度児童環境づくり等総合調査研究事業報告書
厚生労働省　2009『児童虐待対応の手引き』(平成21年3月31日改正版)
牧真吉　2015「虐待に関わる文化の問題」『児童心理　子ども虐待の諸相』臨時増刊1011号　金子書房　pp.42-46
森田ゆり　2006『子どもが出会う犯罪と暴力　防犯対策の幻想』日本放送出版協会
西澤哲　2015「家族の中の虐待　統計資料に見られる特徴」『児童心理　子ども虐待の諸相』臨時増刊1011号　金子書房　pp.9-20
野口裕二　2002『物語としてのケア―ナラティヴ・アプローチの世界へ』医学書院
桜山豊夫ほか　2014「児童虐待相談のケース分析等に関する調査研究結果報告書」平成25年度財団法人こども未来財団児童関連サービス調査研究等事業
髙田治　2015「なぜ，虐待にいたるのか」平木典子・柏木惠子編著『日本の親子　不安・怒りからあらたな関係の創造へ』金子書房　pp.188-206
内田良　2009「児童虐待の発生件数をめぐるパラドクス」『愛知教育大学教育実践総合センター紀要』第12号　pp.269-277
ホワイト＆エプストン　1992『物語としての家族』(小森康永監訳)　金剛出版

# 13 | 虐待された子どもたちのその後
―他者と共に生きる「自立」に向けて

遠藤 野ゆり

**《目標＆ポイント》** 虐待を受けた子どもたちは児童相談所などの介入後，どのように生きていくのか。特に，家族分離し施設等で暮らす子どもたちの発達はどのように保証されるのか。虐待が子どもたちに及ぼす影響，その影響からの回復プロセスと，そのプロセスを進めるうえでの施設養育の制度上の課題を捉え，社会の中で子どもを育てること，人が人として自立する意味を捉える。

**《キーワード》** 社会的養護，他者イメージのゆがみ，自己イメージのゆがみ，施設で暮らすこと，人生の意味の選択，自立

## 1. 虐待された子どもたちはどこにいくのか

### （1）虐待通告後の対応

　2001年の児童虐待防止法によって，虐待の疑いを抱いた人々には，通告義務が課されるようになった。前章で見たように，その結果，近隣住民や警察から，もしくは当事者から児童相談所等への通告件数，さらにその中で「虐待対応」と判断される件数は，急速に伸びてきた。

　では，虐待と判断された後の子どもたちはどうなるのだろうか。桜山らの調査（桜山ほか2014）によると，2013年4～5月に，全国の児童相談所で受理され，虐待，および虐待の危惧ありと判断された7,432件のうち，一時保護[注1)]された子どもは21.7％であり，それ以外の子どもは，在宅のまま対応されている。さらに，その後に施設入所，里親委託

となるのは一時保護された子どものうちの35.7％，一時保護中もしくは保護後に家庭復帰した子どもは64.3％になっている。虐待（危惧を含む）された子どもの92.3％は，そのまま家庭において保護者と共に生活しているのである。

　児童虐待というと，「鬼親」による残虐な仕打ちを連想させ，一刻も早く子どもを保護者から切り離して保護しなければならないという印象を抱かれがちである。しかし実際には，原則として保護者のもとで養育することを推奨される。それには，いくつかの理由がある。

　まず何よりも，多くの場合，保護者も子ども自身も，家族で共に暮らすことを望むからである。不適切な養育がなされるといっても，保護者は子どもに愛情をもっているし，子どももまた保護者を「かけがえのない親」「大切な家族」と捉えていることが多い。心理学的には，子どもは幼児期になると，自分を保護養育してくれるおとなに愛着を抱くようになり，このおとなとの信頼関係をベースに第三者との関係を築いていけるようになる。したがって，こうしたおとなとの関係はその後の子どもの人間関係の基本となり，子ども自身も，たとえそのおとなからの養育が不適切であったとしても，家庭にとどまることを希望するケースが多い。また，保護者から切り離した場合に子どもは，見知らぬおとなや子どもとの共同生活をせざるをえず，特に年少の子どもにとっては心身に負担を被る。学校に通う子どもの場合，保護期間中の通学も問題となる。このように，子どもにとって家庭は，保護者との愛情関係を築く場であるのみならず，生活のすみずみの基盤となっており，この基盤から切り離すかどうかには慎重な判断が求められる。在宅のまま対応する場合に，児童相談所等の関係機関は，保護者と子どもの関係が改善されるように様々な働きかけを行う。たとえば，子育て相談や保護者のカウンセリングを実施したりする。

### （2）社会的養護

　こうした事情を考慮してもなお，子どもを保護者から引き離す必要性が高いと各児童相談所長が判断したときや，病気や著しい経済的困窮などを背景に保護者自身が望んだ場合には，児童養護施設入所や里親委託などの「措置」が取られることになる。このように，子どもを生まれた家庭のみで育てるのではなく，公的責任で社会的に保護し養育すること，社会全体で子どもを育てることを，「社会的養護」という。

　社会的養護は，すべての子どもの健全な発育を社会で保障する，という理念に基づいている。また同時に，そうはいっても子どもはなるべく愛着関係のある家族のもとで暮らすのが良い，という考えのもと，最終的には「家族との再統合」を目指すことを原則としている。それゆえ，社会的養護には，子どもの保護だけでなく，家庭の養育機能を改善させるための様々な支援も含まれている。他方で，死別や離別，病気療養のほか，不適切な養育環境など，再統合するべき家族がいない子どももおり，こうした子どもたちが施設を出た後に独り立ちする自立も視野に入れた，包括的支援が目指されている。

## 2. 虐待が及ぼす影響

　虐待された子どもたちは，児童相談所や家庭裁判所の判断に基づいて，場合によっては施設や里親家庭で新しい生活を始めることになる。ここでは，安心して安全に暮らせることが保証され，衛生的な環境と十分な食事が提供されるだけでなく，施設職員や里親との信頼関係とが築かれていく。

　しかしながら，被虐待経験はしばしば，子どもたちの心身に深い傷跡を残している。ここでは，施設に措置された子どもたちにはどのような

影響が残っているのかを，他者に対するイメージや，自己に対するイメージという点から考えておきたい。

## （1）他者イメージのゆがみ

　虐待されるとは，自分の生活・生存を支える保護者から継続的に暴力を被る，という経験である。これは，保護者との関係が不適切になるのみならず，そもそも他者とはどのような存在なのか，という他者イメージをゆがませてしまう。というのも，私たちは，目の前にいるという意味で顕在的な他者との関係だけでなく，「世の中の人とは」「普通の人は」といった形での潜在的な他者との関係によっても，日々の営みを左右されているからである。たとえば，目の前の他者から何かを語りかけられた際に，私たちはその瞬間のその言葉だけではなく，その人とのこれまでの関係から，その人の発言の真意を推し量る。しかし，判断の材料はそれだけではない。たとえば，他者から何度も裏切られてきた経験をもつ人にとっては，今回の相手がこれまで自分をだましたことがなかったとしても，信用しにくいであろう。というのもこの人は，目の前にいる他者の背後に，「そもそも他者とは自分をだますものだ」，「他者とは私にとって阻害的であり加害的だ」という他者イメージを抱いており，自覚しようともしまいとも，この他者イメージが他者との関係を築くうえでのベースになってしまうからだ。

　こうしたベースとしての他者イメージは，生まれて以来の他者関係の積み重ねの中で形成されていく。人間は，乳児期に生存のすべてを保護者にゆだね，それが適切に保証されることによって，自分はこの世に存在してよいのだ，この世の中は自分を迎え入れてくれているのだ，という無意識の感覚を得ていく。エリクソンが「基本的信頼」と呼ぶ感覚はこうして育まれる（Erikson 1982）。この時期の子どもにとって，母親は自分と切り離された別の存在ではなく，同じ一つの「自分」として経

験されている（母子一体）。自分を支えてくれる大いなる存在（＝母親）と完全に一体となった形で受容されている，というこの感覚は，その後のすべての人間へのイメージのベースになるものである。したがって，乳幼児期に母子一体の感覚を得られないと，子どもは，自分がこの世に存在してよいのだ，という安心感を抱けず，世の中やそこに含まれる他者は自分を排除しようとしている，と感じてしまうことになる。また，誰か重要な他者とつながった「共同的な存在」として，自分自身を捉えられなくなってしまう。

　幼児期になると子どもは，母親は自分とは別個の存在であることを理解するようになる。このときに重要なのは，自分とは異なる存在であるとしても，この他者はかけがえのない存在であり，この人もまた自分のことをかけがえのない存在として大切にしてくれているという心理的な深いつながり，すなわち「愛着」が形成されることである。子どもは，この愛着の対象者である他者を，困ったことがあればいつでも戻ってこられる「安全基地」とすることで，それ以外の他者とも何らかの関係を築き始める。他方，愛着関係を十分に築くことのできない場合には，よりどころがないがゆえに新しい他者関係を築くことに極端におびえたり無関心であったり，あるいは「この人が一番大切」という感覚がないために，誰にでもためらいなく接近したり接触を求めたりするなど，特定の他者との親密で安定的な関係を築くことが困難になる。こうした状態を精神医療の立場からは，「愛着障害」と呼ぶ。

　被虐待的な状況が続くと，子どもによってはエネルギーをそぎ落とされてしまい，強い不安や無気力を示す。他方で，不適切な状況への不足感が怒りに転じ，非行を表出する子どもも少なくない。そうなると，周囲のおとなは当の子どもに対して懲罰的な関わりをすることも増える。こうした体験を積み重ねると，子どもは，おとな一般を信頼せず，怒り

を抱くことになる。ある施設職員は，こうした子どもの心境を，「世の中に対する真っ黒なエネルギーを抱えている」と表現している。

　施設職員や里親が出会うのは，不安や怒りに彩られた他者イメージを抱き，「親との愛着形成不全ばかりでなく，巡り合う人たちすべてと重層的愛着形成不全」（遠藤 2002 p.25）に陥っている子どもたちである。子どもたちにとっては，施設職員や里親たちもまた，ネガティヴな他者でしかない。こうしたマイナスの状況から，新たな保護者との豊かな関係を築くまでには，両者にとっての過酷な試行錯誤が必要になる。他者は自分の存在を受容してくれているのであり，世の中は基本的に信頼に足る場なのだ，という感覚を実感として体得していく長い道のりが，「社会的養護」の本質である，といえる。

## （２）自己イメージのゆがみ

　母子一体の他者関係をベースにして，人は他者だけでなく，自分の存在をも捉えていく。それゆえ，他者イメージのゆがみは，自己イメージのゆがみにもつながっていく。この「自己イメージ」もまた，他者イメージと同様に，多層的なものである。

　私たちは，自己の在りようを直接知覚することができないため，他者の視線を介して自分という存在を知っていく。したがって，他者から無視されたり排除されたり暴力を振るわれたりするなど，非受容的に関わられると，ただ単にそのことに傷つくだけでなく，「自分は受容されるに足らない存在なのだ」という自己イメージが形成されてしまうことになる。これが，子どもの自尊感情を低下させてしまう。

　とはいえ，虐待的に子どもに関わってしまう保護者の多くは子どもに対する愛情を抱いており，心身の不調がやわらいでいるときや心理的，物理的に余裕のあるときは，子どもに対して受容的にもなる。こうした

関わりは，一見すると，子どもの自尊感情を高めてくれるようにも思われる。しかし子どもは，自分を受容してくれる保護者と非受容的な保護者という，あい矛盾した親と関係を行き来しなくてはならなくなる。これは子どもの判断を混乱させるものであり，心理学的にいうところの「認知的不協和」が生じる。この認知的不協和を解消するために子どもは，「叱られるのは自分が悪い子だからだ」など，自己イメージをネガティヴに捉えざるをえなくなってしまう。

近藤卓は，自尊感情には，高く評価されることで高まる「社会的自尊感情」と，ありのままの自分を受け止められることで高まる「基本的自尊感情」とがある，という。基本的自尊感情が「自尊感情の『基礎』をなすもの」であるのに対し，社会的自尊感情は，「自尊感情の『上屋』を形作っているもの」である（近藤 2010 p.13）。親の調子次第であるとき褒められれば子どもの社会的自尊感情は高まるとしても，それ以外の不調なときの虐待的な関わりは，自分が絶対的にそこに存在していて良いのだ，という自尊感情の根本を低下させてしまうことになる。

特にネグレクトは，自尊感情のさらに深淵にある自己イメージに深刻な影響をもたらしかねない。私たちは，自覚しようとしまいと，自分が自分であることを常に感じており，この自分自身（自我）として何かを行おうとしている。これは，「自分は存在しても良いのだ」という自尊感情よりもさらに深層にある，人間としても最もベーシックな感覚であり，多くの人にとってはあたりまえすぎて，自分がそのような感覚をもっていることが自覚できないほど根源的なものである。こうした感覚があるからこそ，時間が流れていっても，場所を移動しても，それまでとは別の行動をしても，私は相変わらず私であることが理解できる。なぜなら，無意識のうちにいつも私たちは，自分に対して注意を向けており，私は私である，と確認しているからである。こうした感覚は，乳児

期以来の，保護者に自分の世話をしてもらう，つまり注意を向けてもらうことによる，「私は周りから働きかけられうる存在であり，他者にとってたしかに存在しているのだ」という実感の積み重ねの中で，育っていく。関心を寄せられなかったり人として必要なケアをされないという，特に幼少期からのネグレクトは，こうした最も基礎的な自我の感覚を損なわせてしまうのである。ネグレクトされた子どもの中には，話しかけられても気づかない，怒鳴りつけられても驚けないなど，自身の存在そのものを感じ取れなくなったケースもある（cf. 遠藤 2009 pp.193-221）。

したがって，虐待された子どもたちの支援はまず，「自分はかけがえのない自分として，たしかに実在しているのだ」ということを，子ども自身に実感させることが必要になる。けれども，先に述べたように，措置された直後の子どもたちにとって，他者とはそもそも信頼できる受容的な存在ではないため，子どもたちに自分の存在をポジティヴに感じてもらうための働きかけは，決して容易なものではない。

## 3．施設で暮らすことの意義と困難

前節では，措置された直後の子どもたちの他者観と自己像とを考察した。本節では，措置された後の子どもたちの生活を考えていきたい。

### （1）施設生活の制度上の困難

施設での生活は，制度上さまざまな制約を受けざるをえない。その中でも子どもの育ちにとって最も大きな影響を与えるのは，子どもに関わるおとなの数の問題である。たとえば児童養護施設では，子どもたちの養育には，担当のワーカーのほか，心理士や指導員らが関わる。この職員の数は，「児童福祉施設最低基準」として厚生労働省より定められて

おり，施設運営経費はこの数を基準にして支給されるため，施設は子どもへの十分な養育のために職員の数を増やしたいと思っても難しい。たとえば児童養護施設では，一人の職員が一度に見る子どもの数は，15, 6人にもなることがある。児童のいる世帯の平均児童数は1.7人（2010年）[注2]であり，家庭における養育とは歴然とした違いがある。

　また，経済的な支援の不十分さも重大な問題である。たとえば，施設を出て就職なり大学進学なりをする際に子どもに支給されるのは，親の経済的援助が得られないという最もシビアな状況において，268,510円と定められている。しかし，大学に進学した場合，初年度の学生納付金の平均額は，国立大学で817,800円，私立大学では1,312,526円となっている[注3]。また，施設で暮らす間はお小遣いや塾の費用なども一部支給されるが，十分な金額とはいいがたいのが現状である。

　施設で暮らすことは，原則として，家族と再統合するまでの，もしくは自立するまでの「期限つき」である。それだけでなく，施設や子どもの状況に応じて，ある施設から他の施設へと措置変更がなされることもある。職員の配置異動や退職も珍しくない。すでに家族という大切な他者との離別を経験している子どもたちにとって，施設で築いた人間関係を再び失うことは，重ねての見捨てられ体験となる。また一方で，子どもによっては，「いつかは自分の家に戻れる」ことを心の支えにしている。すると，施設での暮らしはその子どもにとってはいつまでも「仮住まい」でしかなく，職員とのあいだに密接な関係を築きづらい。

　さらに，今日の多くの施設では，過半数の子どもたちが被虐待体験を抱えている。先に述べたように，被虐待体験を抱えている子どもたちの他者イメージや自己イメージには多くのゆがみがあり，人間関係に強い不安や怒りを抱きやすい。それゆえ，虐待という傷つき体験をしてきた子ども同士の間ではトラブルが生じやすく，傷ついた子ども一人だけを

おとなが支援するときとは質の大きく異なる困難が伴う。

**（2）施設での子どもたちの暮らし**

　こうした諸困難を抱えつつも、職員からのケアを受けて子どもたちは、自立へと向け育っていく。施設で暮らすことによって、安全で安心できる場所に初めて暮らす体験を得られる子どもも少なくない。と同時に今度は、「虐待された」という体験を改めて自分の人生で引き受けていくという、人生選択の試練にさらされることになる。

　たとえば乳幼児期に施設措置となる子どもたちは、施設になじんで生活している。しかし、幼稚園や学校など施設の外の場を通して、あるいはテレビなどで見る「普通の家庭」像を通して、「施設で暮らす」ということが一般的ではないことを知らざるをえない。「友だちにはお父さんとお母さんがいるのに、僕にはいない」、「友だちはお父さん、お母さんと暮らしてるけど、僕のお父さんたちは遠いところにいる」。こうした自覚は、幼少期の子どもにとって過酷であろう。幼少期においてすでに、「自分は普通とは何かが違う」という感覚を抱き、この感覚と共にアイデンティティを形成していかざるをえないのである。

　また、上述したように施設での生活は期限つきである。そのため子どもたちは、「家庭に戻っていく子ども」を見送らなければならないことがある。今日まで一緒に暮らしていた友人が、「お母さんと一緒に暮らす」とうれしそうに出ていくときに、子どもたちは、友人との別離の悲しさに加えて、「でも自分はまだ家庭に戻れない」という悲しみを味わうことになる。しかもこうした別離はしばしば起きるため、子どもたちはこの二重の悲しみを、日常的に積み重ねていかなくてはならない。

　このようにして日々痛感される、自分は普通ではないという不全感を、子どもたちはさまざまな形で表出せざるをえない。そのしんどさ

を，万引きや喫煙，飲酒，夜間の徘徊などの非行行動として表出する子どもたちも少なくない。

　また，思春期に入ってくると，「普通ではない」という感覚に強く悩まされる子どもたちが多くいる。たとえば中学2年のある少女は，「心から親友だ，って思える友だちじゃないかぎり，こういうところに住んでるって，絶対に知られたくない」（大塚 2011 p.64）と語る。新学期に携帯電話の番号を交換すること，年賀状を送るからと住所を交換することといった何気ない生活場面に，人間関係が崩壊しかねないリスクを，施設の子どもたちは抱えている。

　こうしたハンディを多く抱えている子どもたちだからこそ，施設では，子どもたちの心身のケアに多くの重点が置かれる。施設で初めて，誕生日を祝ってもらうという経験をする子どももいる。出かける際に「いってらっしゃい」と声をかけられ，その未知の体験に絶句してしまう子どももいる（cf. 遠藤 2011 pp.93-94）。温かい言葉をかけられ，迎え入れられたり待たれたり祝われたりすること，こうした経験の積み重ねによって，子どもたちは自分はたしかに存在していること，その存在を他者は受容的に受け止めてくれていることを実感していく。

　それゆえ，こうしたケアは，日常生活の中に行き届いている必要がある。多くの用具を他の子どもたちと共有せざるをえない施設では，「自分の持ち物」に強いこだわりを示す子どもは少なくない。自分だけに贈られたプレゼントなどに固執し，自分は唯一無二の存在であることを，繰り返し確認していくのである。施設の子どもたちは自分のための用具を整えることで，その用具でもって何かをする未来の自分を大切にする，という経験を積みかさねていく（cf. 大塚 2011 p.28以下）。施設で暮らしをつくっていくということは，こうして，子どもたちの未来を少しずつつくっていく，ということに他ならない。

## （3）施設からの自立

先にも述べたように，施設での生活は期限つきである。子どもたちは施設での生活を終えたのち，たとえば家族との再統合を果たすという形で，たとえば別の施設に移るという形で，たとえば進学や就職を契機にという形で，そしてたとえば施設で暮らす年齢の上限20歳に達するという形で，施設から巣立っていく。新しい場で，そこにいる人たちと共にひとり立ちすることを，「自立」という。

子どもたちが自立をするためには，いくつかの要件がある。

たとえば，新しい生活の経済的見通しが立つこと。再統合される家族と共にであれ，一人で暮らすのであれ，自立後に安定した経済的収入が得られなければ生きていけない。特に一人で生活するという形の自立では，この経済的自立はかなり高いハードルである。施設という生活の場がなくなり，毎朝定刻に起きて食事をするといった生活リズムを整えることさえ負荷のかかる状況で，働き，お金を管理していくことは容易ではない。多くの子どもは，自立した後に何度かは，経済的な自立の困難を経験する。自立後に経済的に困窮して万引き等を行い，警察に再び保護される，といったケースも決して珍しくない。

また，新しい場での人間関係が十分に豊かなものになりうること。家族に再統合される場合は，虐待の発生要因がしっかりと改善されている必要がある。また一人暮らしの場合には，友人関係が安定的で，困ったときには相談にのってくれる人がいることが重要である。元気に自立していったのに，数カ月たつと連絡がつかなくなってしまい，職員が訪ねると一人で部屋で閉じこもっていた，といったケースもある。あるいは，入所前に非行表出のあった子どもは，施設で暮らす間に当時の仲間との関係を断つが，施設を出るとそうした仲間に再会してしまうこともある。先に述べたように，施設に措置された直後の多くの子どもたち

は，他者イメージのゆがみをもっている。この他者イメージが施設での温かい受容的な他者関係によってどれほど改善されようとも，自立した後はこの新たな他者イメージを，今度は自分自身で支えなければならなくなる。ときに嫌な思いをしたり不安を抱いたりしてもなおかつ，他者イメージを受容的なものとし続けることは，容易ではないのだ。

　そして何よりも，本人が自分の境遇をきちんと引き受けていけるようになっていること。虐待された当初，子どもたちの多くは，自分が「虐待」と呼ばれるケースであることを知らない。施設では，当人の状況や心境等々を考慮しタイミングを見計らったうえで告知を行うが，最後まで告知をしないケースもある。いずれにせよ，自分の境遇を納得して引き受けられるようになっていなければ，安定的な自立は望めない。

　子どもによっては，もはや家族との再統合は望めず，家族との関係を断ち切ることでしか自立ができないケースもある。こうした場合に子どもは，大好きな家族との関係をあきらめる，という苦渋の決断をしなくてはならなくなる。そのため，事実をきちんと理解することは，特に重要になってくる。

　ある子どもは，自分を捨てて出て行き再婚した母親に会いに行ったが，多くの場合は会ってもらえず，やがて，母親の新しい家の近くで万引き等を行うようになり，最後は大事件を起こしてしまった。この子どもは母親との関係を，「あのとき会ってくれなかったのは，たまたまお母さんは忙しかったからだ」，「会えたときのあの笑顔こそが，お母さんと僕との関係を示している」，と捉えてしまうため，自分の置かれている現実を受け入れることができなくなってしまった，と考えられる。

　この子どもの姿が示しているように，私たちは決して，自分の置かれている状況や過去の出来事を客観的に捉えているのではない。そうではなく，状況や過去の「意味」を自分で選択しながら生きている。たとえ

ば，父親から叩かれたという出来事を，「虐待された」と捉えることも，「お父さんは自分のために厳しくしつけてくれた」と捉えることも可能である。このどちらの意味を選ぶか，ということがまさに，当人が自分の生い立ちをどの程度事実に即して捉えられているかを示している。

　虐待された子どもたちに課される最も過酷な課題は，すなわち，自分が虐待されてきたということを自分自身で選び取るということである。たしかに，児童相談所や施設職員ら周囲のおとなたちは，子どもの措置を決定するにあたって，虐待であるかどうかを判断している。しかし子どもにとっての家族関係の意味は，あくまで当人によって選択される。虐待という説明に納得するのか，拒むのか。家族との関係をあきらめるということは，子どもが自らの責任でもって，自分の置かれた状況を「被虐待的」と選択するということであり，このプロセスがあって初めて，本質的な意味での自立が可能になる。

　したがって子どもたちの自立は，経済的にも，人間関係的にも，また自分の人生の選択という意味においても，一度のチャレンジで可能になるような容易なものではない，といえる。むしろ何度もチャレンジしては失敗し，再び施設に戻ってきて休み，準備を整え，再び自立にチャレンジする，という試行錯誤自体が，自立のプロセスといえるだろう。自立援助ホームの施設長（当時）である遠藤浩は，自立を次のように定義づける。自立とは，「他を適度に受け入れ，他に適切に依存できる状態，そのような相互依存を適切にできるようになり，自分でやろうとする意欲（主体性）をもてたとき」のことである，と（遠藤 2002 p.35）。

## 4. 施設での生活で学ぶもの
　　―家庭教育において培われるもの

　以上で見てきたように，虐待された子どもたちは，心身の傷つきと共に，ゆがんだ他者イメージや自己イメージを抱いて施設で暮らすことになる。そして施設での生活を通して，こうしたイメージを温かくやわらかなものへと変容することが目指される。ここで子どもたちが学ぶのは，〈人生を選び取るその際に他者と共にいる〉，という在り方である。それは，家庭教育において最も根源的な学びであり，と同時に，虐待されてきた子どもたちには損なわれてきてしまったものなのである。

　他者と共にいるということは，物理的に一緒の空間で生活することを意味するのではない。私たちは，生きて，物事を感じたり考えたりするそのさなかにおいて，本来的には，他者と共に生きている。このことを，哲学者ハイデガーの「世間（das Man）」という言葉から考えたい。

　「世間体」という言葉があるように，私たちはいつもどこかで，他者の目を気にしながら生きている。とはいえ，この「世間」は友人や家族，施設職員といった「特定の人々」ではないし，日本人全員，全人類といった「すべての人間の総計でもない」（Heidegger 1927 S.126f.）。実際には私たちが気にしている世間という他者は，実在しないもの，どこの誰でもない何者か，なのである。第3節で，施設で暮らすことを誰にも知られたくない，と語る少女の言葉に触れたが，彼女が気にしているのは，実はクラスメートの目ではない。実際にはクラスメートたちは，彼女が施設で暮らすことなど全く気にしていないかもしれない。けれど彼女は，世間が，つまりどこの誰でもない誰かが，施設で暮らしているというのは「普通ではないことなのだ」「人に知られるべきではないことなのだ」と捉えている，と感じずにはいられないのである。このよう

に世間は，ある事柄を私たちがどのようにとらえるのかを，暗黙のうちに規定している（Heidegger 1927 Vgl., S.127）。

　世間は決して悪いものではなく，私たちが日常生活で，そのつど何をなすべきか，何がその場にはふさわしいかを決めてくれている。たとえばTPOを弁(わきま)えた服装の選び方，友だちとのお喋りの仕方，放課後の過ごし方，こうしたものはすべて，本来は自分で決定しなくてはならない。私たちはいつも，いったい自分はこれから何を選択するべきなのか，圧倒的な自由の中で選ばなくてはならない。けれども実際には私たちは，「みんながそうするから」という理由で，多くの行動を決めている。つまり，こうした選択の全責任を自分で背負う代わりに，「みんな」の方にその重荷を転嫁しているのである。この「みんな」，つまり私の日常のふるまい方を支えてくれる誰かこそが，世間である。

　施設で暮らすことは世間的に見て普通ではないのだ，と子どもたちが悩むとき，それは単に，「見栄」や「羞恥心」を吐露しているのではない。そうではなく，自分の在りようが，世の中のみんな（＝世間）から「みんなが当然それで良いと思うもの」ではなく「異質なもの」として取り扱われているという不安。自分は世の中に仲間として認められておらず，排除されているのだ，という孤独。それゆえ，自分の為す些細な行動の一つひとつを，それが本当に社会で受け入れられることかどうか，日々自分で考え選び続けなければならないという徒労。彼女たちが味わうのは，こうしたしんどさである。

　この世間こそ，他者関係の最深層に位置して基礎をなす，他者イメージである。したがって，施設で他者イメージを回復していくプロセスは，自分の在りようを孤独のうちに自分一人だけで支えねばならない，という苦悩からの解放のプロセスなのである。

　虐待された子どもたちに限らず，私たちは人生のどこかで自立を迫ら

れる。それは，生まれる場所も土地も家庭も選ぶことができずに，強制的にスタートさせられた人生の意味を自分自身で選択し直し，その結果を自分自身の責任でもって引き受けていくことである。全ての意味を自分で担わなければならないというこの孤独は，受容的で温かい他者に，顕在的にも潜在的にも支えられていなければ，とうてい乗り越えられるものではない。施設で子どもたちが学ぶのも，また本来ならば各家庭において多くの子どもたちに培われるのも，こうした，他者と共にという様態において自分自身の人生を選択する力なのである。

### 》注

1) 正式な対応を決定するまでの間，子どもの安全を確保するため，一時的に子どもを保護者から引き離す措置のこと。
2) 2010年度国民生活基礎調査（厚生労働省）による。
3) 2013年度の場合に関するマイナビ調査による（https://shingaku.mynavi.jp/cnt/etc/column/step5/admission_fee/）。

### 学習課題

(1) 社会的養護を要する子どもたちは約4万6千人いるといわれている（2014年3月現在）。こうした子どもたちを社会で育てることがなぜ必要なのか，あなたの考えを整理してみよう。
(2) 自分の行動や存在が「世間」に支えられていることの具体例を挙げてみて，潜在的な他者に支えられているという感覚がどのようなものなのかを整理してみよう。

(3) 生活の中で，虐待された経験をもつ人と出会うことがあれば，あなたはどのようにその人と関わりたいと思うか。自分の考えを整理してみよう。

## 引用文献

遠藤浩　2002「自立援助ホームからの提言」村井美紀他編『虐待を受けた子どもへの自立支援』中央法規

遠藤野ゆり　2009『虐待された子どもたちの自立』東京大学出版会

遠藤野ゆり　2011「虐待を乗り越える」中田基昭編著『家族と暮らせない子どもたち　児童福祉施設からの再出発』新曜社　pp.92-188

Erikson, Erik 1982 *The life cycle completed*, Norton

Heidegger, M. 1927 *Sein und Zeit*, Max Niemeyer

近藤卓　2010『自尊感情と共有体験の心理学』金子書房

大塚類　2011「施設を自分の居場所にする」「他者と共に暮らす」中田基昭編著『家族と暮らせない子どもたち　児童福祉施設からの再出発』新曜社　pp.14-90

桜山豊夫ほか　2014「児童虐待相談のケース分析等に関する調査研究結果報告書」平成25年度財団法人こども未来財団児童関連サービス調査研究等事業

# 14 | 親子関係と子どもの問題行動

田中理絵

**《目標&ポイント》** 子どもの問題行動はいつの時代にも見られるものであるが，その原因・責任は，親あるいは不適切な親子関係にあると見られる傾向がある。本章では，一般少年と非行少年を比較する調査結果を通して，親子関係と子どもの問題行動の様子をみたうえで，社会の変化によって親子関係が変化していること——とくに親が子育てに自信をなくしていること——について考えていこう。
**《キーワード》** 少年非行，重要な他者，子育ての自信，親子関係

## 1. 親子関係と子どもの自我形成

　精神分析医のウィニコット（Winnicott, D.W.）は，子どもの問題は，家族あるいは家族の欠落と関連づけて説明され過ぎていることに注目した（ウィニコット訳書 1999 p.116）。実際，わたしたちは子どもの問題行動の原因として家族の在り方に目を向けることは多い。家族集団で初期的社会化を受け，そこで形成された幼少期のパーソナリティがその後の人格形成の方向付けをするという点を重視すれば，子ども期にどのような家族のなかで育てられたか，両親との関係がどのようなものであったかということが重要となる。子ども期は仲間集団の役割が重要であるものの，誰を仲間に選ぶかについては親の意見が影響するのであれば，確かに，家族集団の影響は強調しすぎることはないということになる。
　しかし，社会学者のリースマン（Riesman, D.）は，幼少期に形成さ

れた性格構造がその後の人生を決定するといった単純な因果関係を説明することに，精神分析学をはじめとする人間発達に関する研究は重きを置きすぎていることを指摘する。家族集団での社会化は重要であるものの，しかし，社会の変化や大人になってからの経験にも私たちは影響を受け，性格もまた変化するのだとリースマンは考えた。

　彼が注目したのは，社会的性格――所与の社会集団の成員に共通する性格――を描き出すことであった。産業化・工業化を経て，社会が大きく変化すると，諸個人はその変化に乗り遅れないようにするために，常に他人やマスメディアの動きを把握する必要が生じる。とくに変化の大きな社会では，前世代で通用したような価値や技術，情報が刷新されているので，個々人がレーダーを備えて，他人が好むであろうものやことに敏感になる必要が生じる。こうした社会を，他人指向型社会という。

　ところで，他人指向型社会においては，親子関係もまた変化せざるを得ない。親世代が受けた社会化は，子どもたちの世代・社会ではそのまま通用することはない。そこで，親はどのような社会になろうとも出来るだけのことをするという習慣を子どもに教え，最善を尽くすことを激励するようになる。ところが，何が最善なのかは，子どもたちが仲間集団や学校のなかで自分のレーダーで獲得しなければならない。こうした事情から，他人指向型社会においては，「どのようにして子供を育てたらいいのかについて親たちはだんだん自信を失ってくる。そこでかれらは同時代人の意見に耳を傾けるようになってゆく。さらにマスメディアの説くところにも耳を傾けるようになってゆく」（リースマン訳書 1964 p.39）。社会の変化によって，はっきりとした見通しが立たないなかでは，親は子どもをどのように育てたらよいのかについても見当がつかず，マスメディアの情報や近隣の他人の行動様式や情報を，絶えず確認しなければ安心できない。そういう社会状況では，親の権威も弱まる。

そして，こうした事態について，子どもも薄々気がついている。子どもの仲間集団の研究をしたファイン（Fine, G.A.）は，リトルリーグのなかで大人が子どもに向けてたくさんの格言を伝えたり，説諭する場面を観察しながら，しかし子どもは大人の説教は立て前であって，状況が変われば言うことも変わることに気づいていることを指摘した。そのうえで，現代の子どもにとって道徳を習得するということは，社会的価値を盲目的に信じることではなく，場面に応じて的確な行動を取ったり，適切な格言を用いることができるようになることだと指摘する。

リースマンもファインもアメリカ社会の分析において，親（あるいは大人）の権威の弱体化と，親の自信の喪失について論じたが，日本においてもそうした事態は1980年代から指摘されてきた。たとえば，四方（1980）は，産業化社会になって人の移動が大きくなると，親世代が習得したものは子ども世代では通用しないので，家族のメンバーはそれぞれ独立して努力・奔走しなければならなくなると指摘した。

> 「両親は子どもの教育を指導する新しい知識，技術，学力もなく，親の職業を継承させることも困難で実力もなく，親としての権威が弱い存在となっている。兄弟姉妹の個人的な能力と努力による競争の結果により，個人の社会・経済的地位が決められる。（中略）その結果，親子とか兄弟姉妹関係は，相互扶助的・義務的，血縁共同体的な関係から，打算的，契約的な利益社会的な関係へと移り，血縁家族の関係は疎遠化していく」（四方 1980 p.22）

また，職住分離によって，親は家庭にいる時間が少なくなるし，権威が弱まったことによって，子どもとの関係がこじれると回復が難しいので，親は子どもから好かれなければならないというプレッシャーを感じることにもなる（那須 1980 pp.52-54）。

もちろん，すべての親子関係が上記のように変化したというわけでは

ない。社会的性格として、現代はそうした面をもつということである。しかし家族規模が縮小し、家族成員が少ないことによって人間関係が単純化していると同時に、地域社会の脆弱化が進むなかで、かつてであれば地域社会の多種多様な性格をもつ大人との関わりを通して育ってきた子どもは、もっぱら家族集団のなかで育てられるようになった。この結果、子どもの行動の責任は親にあるという言説がますます強まっているのかもしれない。

## 2. 親子関係と少年非行

ところで、子どもの問題行動も、時代の変遷によって注目を集めるものは変化する。かつて問題視されたガキ大将は、いまや懐かしさをもって語られる。ここからは、現代における親子関係と子どもの問題行動との関連――どのような親子関係が子どもの問題行動を誘発するのか、あるいは逆に、どういう関わり方が子どもの問題行動を抑止できるのかなど――について考えてみたいのだが、そのために、非行少年のデータ、あるいは保護少年と一般少年のデータの比較から、その一端を理解してみよう。

まず最初に、親子関係が子どもの非行にどのように関与すると考えられているかについてみてみよう。一般保護少年[注1]の保護者の状況と生活程度について、それぞれ年次別にまとめたものが表14-1、表14-2である。1955（昭和30）年の数値を見ると、問題行動を抱える少年として保護されたもののうち「実父母」がそろっている少年は45.1％であり、かつて「欠損家族」と呼ばれた家族構成にあるものは47.5％（「実父（母）のみ」34.6％＋「保護者なし」12.9％）と、それを上回る状況であったことがわかる。また、生活程度は「貧困」と「被保護」で

表14-1　一般保護少年の保護者の状況別構成比

(%)

| 年　次 | 実父母 | 実父(母)のみ | 実父・継母実母・継父 | 養父母 | その他の保護者 | 保護者なし |
|---|---|---|---|---|---|---|
| 1955(昭和30)年 | 45.1 | 34.6 | 5.9 | 1.5 | － | 12.9 |
| 1965(昭和40)年 | 73.3 | 18.2 | 4.8 | 1.1 | 2.3 | 0.4 |
| 1975(昭和50)年 | 76.3 | 15.6 | 5.3 | 0.8 | 1.8 | 0.2 |
| 1985(昭和60)年 | 71.4 | 21.0 | 5.2 | 0.7 | 1.6 | 0.1 |
| 1995(平成7)年 | 69.9 | 23.1 | 5.1 | 0.4 | 1.3 | 0.1 |

昭和30年は昭和50年版『犯罪白書』から，昭和40〜平成7年は平成9年版『犯罪白書』から引用。

表14-2　一般保護少年の保護者の生活程度別構成比

(%)

| 年　次 | 裕福 | 普通 | 貧困 | 被保護 |
|---|---|---|---|---|
| 1955(昭和30)年 | 0.8 | 29.8 | 59.5 | 9.9 |
| 1965(昭和40)年 | 2.3 | 71.9 | 22.9 | 2.9 |
| 1975(昭和50)年 | 2.9 | 82.8 | 11.5 | 2.8 |
| 1985(昭和60)年 | 2.0 | 83.5 | 10.5 | 4.0 |
| 1995(平成7)年 | 2.2 | 89.8 | 6.0 | 2.0 |

裕福：豊かな余裕のある生活をしているもの。
普通：借財がなく，収入のみで生活しえるもの。
貧困：辛うじて生活を営みえるが，不時の支出については，借財しなければ賄えない程度のもの。
被保護：生活が極めて困難で，生活扶助を得て生活を営んでいるもの。なおこの層は平成元年版以前の『犯罪白書』では「要扶助」となっている。
引用は表14-1と同じ。

69.4％を占め，家計が苦しい家庭に一般保護少年が多く見られた。このため，「貧困」や両親がそろっていないことが原因で子どもが非行に走るといった因果関係論が社会的に広まることになった。しかし戦後の経済復興とともに，既に1965（昭和40）年には，一般保護少年のうち「実父母」のそろっているものが73.3％を占めるようになり，生活程度も71.9％が「普通」に区分されるなど，一般保護少年の家庭状況は大きく変化している。

　こうした状況から，家族と子どもの非行の関係については，「両親がそろっているかどうか」，「家計状況の程度がどうであるか」といった家族の構造的側面への関心から，「子どもが親から愛情を感じることがで

表14-3　親の愛情と家庭の雰囲気　　　　　　　　　　　　　　　　　（％）

|  | 中学生 | | 高校生 | |
|---|---|---|---|---|
|  | 一般少年 | 非行少年 | 一般少年 | 非行少年 |
| 家庭の雰囲気は暖かい | 83.9 | 74.7 | 80.9 | 83.5 |
| 親は私のことを信頼している | 74.9 | 62.3 | 73.2 | 68.7 |
| 学校の勉強の内容について親と話す | 57.5 | 32.6 | 39.9 | 39.1 |
| 父のような人でありたい | 49.2 | 39.2 | 47.7 | 54.3 |
| 母のような人でありたい | 60.9 | 56.0 | 59.9 | 65.2 |
| 親から愛されていないと感じる | 21.3 | 26.4 | 19.0 | 20.0 |
| 親が厳しすぎると思う | 25.5 | 26.4 | 24.1 | 26.1 |
| 親は家の中で，暴力をふるう | 8.7 | 15.0 | 6.1 | 10.9 |
| 親にひどく反抗したことがある | 27.0 | 45.1 | 28.9 | 43.5 |

対象：一般少年9,883名，非行少年931名。「親にひどく反抗したことがある」は最近1年間における「時々ある」のパーセンテージ。
出典：内閣府『第4回 非行原因に関する総合的研究調査』（2010年）

きるか」，あるいは家族の親和性といった親子関係の質へと社会の関心が移るようになった。表14-3は「親の愛情と家庭の雰囲気」について，一般の少年と非行少年がどのように捉えているかを比較したものである（内閣府 2010）。家庭の雰囲気に関して，中学生では，「家庭の雰囲気は暖かい」（一般少年83.9％，非行少年74.7％），「親は私のことを信頼している」（一般少年74.9％，非行少年62.3％），「学校の勉強の内容について親と話す」（一般少年57.5％，非行少年32.6％），「父のような人でありたい」（一般少年49.2％，非行少年39.2％），「母のような人でありたい」（一般少年60.9％，非行少年56.0％）と，家族内の親和性を示す項目では，非行少年より一般少年の方が割合が高い結果であった。ただし，高校生になると，家庭内の暖かさや親和性に関する項目における一般少年群と非行少年群の間の差は見えにくくなる。また，「親から愛されていないと感じる」「親が厳しすぎると思う」といった愛情や厳しいしつけに関する項目でも，中学生と高校生の間，あるいは一般少年群と非行少年群の間に明らかな差はみられない。

　ところが一方で，「親は家の中で，暴力をふるう」，「親にひどく反抗したことがある」という項目の割合は，中学生・高校生ともに非行少年に高く，一般少年に比べて，家庭内暴力の経験が多いことも特徴のひとつである。これらのことから，子どもの年齢や家庭内に暴力因子があるかどうかに注目する必要性がうかがえる。

## 3. 親子関係と子どもの問題行動抑制

　この他にも，少年が非行に走るのは，少年が何らかのストレス・緊張状態にあって，それが原因でフラストレーションに陥り，緊張を解消する手段として非行に走るという説明がこれまで主になされてきた（緊張

理論）。これに対して、ハーシ（Hirschi, T.）は、問いを逆に立てて「なぜ非行に走らないのか」「なぜ暴力を振るわないのか」と、非行行為を行わない理由、すなわち抑止力の解明を試みた。その結果、幼少期——ハーシの調査研究では5歳まで——に両親と生活した子どもと、ひとり親もしくは両親と離れて暮らした子どもの非行率に差は見られず、「親とともに過ごす時間の長さは、非行防止という点からすると、取るに足らない要因にすぎない」（ハーシ 訳書 1995 p.102）と結論づけた。

では、親子関係のどのような点が子どもの問題行動を抑止させるかというと、①子どもが親からどのように思われているかを考慮に入れることと、②さらに親に対して愛情や尊敬の念、あるいは親密な絆を感じていることが重要であると指摘した。親への紐帯（②）を感じられなければ、親のことを考慮にいれても（①）、問題行動の抑止力としては機能しないのである。さらに、「お父さんのようになりたい」といった愛情を伴う同一化を期待するなど、親へのつながりが強く、愛着をもって同一化を示す場合は非行の機会が少なくなることも示している。これは先に見た表14-3の中学生の調査結果とも合致する。

ところで、内閣府の調査（「第4回 非行原因に関する総合的研究調査」2010年）によると、一般の親は、子どもの非行原因として、「親に問題があるから」（74.7％）、「テレビ、新聞、雑誌などのマスコミの影響があるから」（58.3％）、「本人の自覚が足りないから」（53.4％）という項目をあげており、非行の最大の原因は親の問題であると考えている。しかしそれに対して、実際に非行に走った少年らは、その原因は「少年自身」にあると考えるものが最も多く（99.7％）、次いで、「友だちや仲間」（73.9％）、「家族・家庭」（37.2％）の順になっている（法務総合研究所 2014）。この非行少年の調査では、むしろ、悪いことをしようと思ったときの抑止要因として「父母」（72.4％）、「友だちや仲間」

(54.3 %),「恋人や妻(夫)」(42.5 %),「学校や職場に迷惑がかかること」(33.2 %),「警察に捕まること」(28.0 %)が順にあげられており[注2],全体的な傾向として,家族が非行原因であるとはあまり考えられておらず,むしろ,一部の青少年には非行に走ることを食い止めるブレーキとなっていることがうかがえる。また,非行少年の家庭に対する満足度は,一般少年と比べると低いものの,しかしそれでも75.3 %(平成23年)が満足であると答えており,図14-1のように,満足度は年々高まる傾向が見られる。

　非行少年らは,非行の原因は親ではなく自分自身の問題であると述べており,また4人のうち3人が家庭生活に満足であるとしているのであ

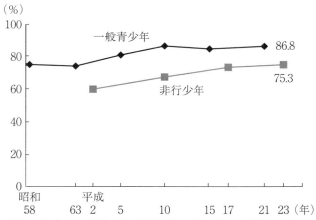

1 「一般青少年」は,総務庁及び内閣府の世界青年意識調査において,「満足」,「やや満足」,「やや不満」,「不満」及び「わからない・無回答」のうち,「満足」及び「やや満足」の比率を合計したものである。
2 「非行少年」は,法務総合研究所の調査において,「満足」,「やや満足」,「どちらともいえない」,「やや不満」及び「不満」のうち,「満足」及び「やや満足」を合計した比率であり,無回答を除く。

**図14-1　非行少年の家庭生活に対する満足度**
出典:平成23年版『犯罪白書』

れば、では非行の誘発要因はいったい何であったのだろうか。その要因のひとつに、他者による自己理解が考えられる。先ほどの法務総合研究所（2006）の調査では非行少年の不満についても調べていて、家族への不満としては「親が自分を理解してくれない」（43.8％）が最も多く、同様に、友人に対する不満では「お互いに心を打ち明けあうことができない」（52.5％）が最も多いという結果であった[注3]。

　レイン（Laing, R.D.）は、他者の承認が自己を確認する手段となると指摘した。これは子どもに限られたことではないが、人間は自己に対する他者の評価を取り込んで社会化される。なかでも特に、その個人にとって重要で意味のある他者から承認されることが大切である。はじめに、現代社会は他人指向型社会であり、特に他者の承認を必要とする社会であることを論じたが、子どもにとって親は重要な他者であり、そうした機能を担う重要な社会化エージェントとなるわけである。だから、親自身は子どもに愛情を注いでいるつもりであっても、子どもが「親が自分を理解してくれない」と考えている場合は、重要な他者からの承認が得られないことになり、子どもは不安定な状況に置かれることになる。

　地域社会の衰退によって、子どもの社会化における家族集団の果たす役割はますます大きくなる一方で、しかし社会的変容によって親役割も変化し、親は子どもを教え導く自信を確信しにくくもなっている。こうした複雑な環境下においては、親子関係と子どもの問題行動の関連についても、今後ますます難しくなると考えられる。

## 》注

1) 一般保護少年は，一般保護事件（少年保護事件のうち，道交違反に係わる道路交通保護事件を除いた事犯）の終局総人員を指す。
2) 抑止要因の回答は少年院出院6ヶ月後のデータによる（3つまで選択可能，法務総合研究所，2014）。
3) 家族に対する不満（複数回答）は，1位「親が自分を理解してくれない」(43.8％)，2位「家庭に収入が少ない」(39.2％)，3位「家庭内に争いごとがある」(38.6％)，4位「親の愛情が足りない」(26.0％)の順である。また友人に対する不満（複数回答）は，1位「お互いに心を打ち明けあうことができない」(52.5％)，2位「好きでもないのに付き合わなければならない」(42.6％)，3位「気の合う友達がいない」(38.4％) という結果であった（法務総合研究所 2006）

### 学習課題

(1) 子どもの教育やしつけに対する親の責任は，社会一般でどのように考えられているだろうか。各種統計資料，小説，新聞記事など様々な資料をもとに社会的言説について検討してみよう。
(2) 子どもの問題行動と親子関係に関する研究について，心理学，社会学，人類学などさまざまな研究領域から集めて，その指摘するポイントについてまとめてみよう。

## 引用文献

Hirschi, Travis, 1969, *Causes of Delinquency*. The Regents of the University of California.（＝1995，森田洋司・清水新二〈監訳〉『非行の原因』文化書房博文社）

法務総合研究所　2006「最近の非行少年の特質に関する研究―」研究部報告32

法務総合研究所　2014「非行少年と保護者に関する研究―少年と保護者への継続的支援に関する調査結果」研究部報告54

Laing, R.D., 1969, *Self and Others*. Tavistock Publications, London.（＝1975，志貴春彦・笠原嘉〈訳〉『自己と他者』みすず書房）

内閣府（政策統括官共生社会政策担当）2011「第4回　非行原因に関する総合的研究調査」

那須宗一・大橋薫・四方寿雄・光川晴之（編）1980『家族病理学』誠信書房

Riesman, David, 1961, *The Lonely Crowd：A study of the changing American character*. Yale University Press.（＝1964，加藤秀俊訳『孤独な群衆』みすず書房）

Winnicott, D.W.（ed.Winnicott, C., Shepherd, R., Davis, M.）1986　*Home is where we start from by D.W.Winnicott*.（＝1999，牛島定信訳監修『ウィニコット著作集3　家庭から社会へ』岩崎学術出版社）

# 15 | 現代の家庭教育の課題

田中理絵

《目標&ポイント》 社会の変化とともに家族も大きく変化してきた。家族はどのように変化してきたのか。そして，家族の変化によって家族成員間の関係はどのように変容し，また家庭教育にどのような問題が生じるようになったのか。今後の家庭教育の課題について考える。
《キーワード》 家族の孤立化，個人化，医療化，社会的ネットワーク

## 1. 家族の変容と子どもの社会化

　個人が他者との相互作用を通して，社会の価値や知識，技能，行動などを習得する過程を社会化といった。個人が一定の価値，知識，技能，行動などを学習するから，社会は維持され再生産されるのであり，また社会化されることで，個人は適切に社会に参加することが可能になる。そうした意味で，社会化は，個人にとっても社会にとっても不可欠な課題である。人間発達の礎となる最初の社会化は家族集団で行われるので，だから家族集団における子どもの社会化は重要であると考えられてきた。ところで，社会化で伝達される内容は，①社会の変化に左右されにくい価値的なものと，②社会変化に応じて刷新されていく価値・知識・態度などに大きく分けられる。この点を踏まえながら，現代の家族における子どもの社会化の問題について考えてみよう。
　基本的に，家族や家族成員の役割観が変化しても社会化のメカニズム

は変わらないが，社会変動と家族変化によって，従来のような画一的な役割モデルでは通用しなくなってきている。住田は，戦後，家族に起きた変化を次のように列挙した。すなわち，「伝統的家族制度の崩壊と夫婦平等を原則とする現代家族の登場，産業化による職住分離の拡大に伴う仕事と休息の場の分化，核家族化と家族の小規模化による家族成員の私的空間の所有化，家を重視する見合い結婚から当事者同士の私的な恋愛結婚への配偶者選択の変化，政治的な政策決定過程の複雑化・遠隔化による疎外感の浸透，管理労働・頭脳労働および競争社会における緊張と疲労からの家族集団への逃避，所得水準の向上と豊かな購買力による商品の購入・利用・享受に傾斜した消費生活スタイル，個人単位の消費社会化の進行と消費欲求の肥大化など」（住田 2012 p.219）である。家族と家族を取り巻く状況・生活スタイルは，大きく変化してきたことがわかる。

　こうした変化は「家族制度が壊れてきているのではないか」「家族そのものが崩れるのではないか」という危機感へとつながり，それが社会的関心として認識され始めたのは1980年代以降である。1983年の『国民生活白書』では，家族指標のみが一貫して低下していることから，家族が公の問題として取り上げられた。具体的には，離婚，家庭内暴力，少年犯罪，虐待，育児不安，不登校等が家族機能の低下を示す指標として用いられ，それらの数値が悪化していることが「家庭の教育力の低下」を示すものとして問題視されたのである。以後，家庭の教育力の低下は社会問題として幾度となく取り上げられてきた。

　ところで，家族研究や社会病理・家族病理研究では，家族の変化について2つの見方で論じられてきた。一つは，家族という制度が崩壊してきているという考え方であり，その場合，本来のあるべき姿へ戻そうとする作用が働く。もう一つは，あるべき家族の姿という固定した概念は

なく，社会の変化に伴って家族が変化するときにわれわれは違和感や危機感を覚えるのだが，それはある家族モデルから別の家族モデルへの移行期・過渡期に過ぎないのだという考え方である。この場合，かつての家族像へ戻そうとする動きよりも，その社会的・文化的・政治的条件の中でどのように調整していけばよいのかが議論される。たとえば消費社会であれば，そのなかで生活する家族成員一人ひとりも消費社会的思考・行動を取るから私事化が進み，その中で家族の紐帯をいかに保つのかという議論が起きる，といったようにである。

　ちょうど1980年前後に『家族病理学講座』[注1]というシリーズ本が順次刊行されているが，その目次をみると，家族病理と呼ばれる現象―具体的には，「欠損家族」「老人」「共働き」「留守家族」「心身障害者家族」「貧困家族」「離婚」「嫁姑問題」「単独生活」「未婚と婚外子」「非行」等―が章のタイトルとなっている。「標準家族」と呼ばれる家族像が設定され，構造面・機能面で標準家族からずれるものは，家族としての調和を取れず，やがて機能不全に陥るとして「家族病理」というレッテルを貼られていた。しかし現在，「共働き」は一般化しているし，「憎み合っている家族が共に生活するよりは，離れて健全に過ごした方が，子どもにとっても大人にとっても望ましい」という考え方も広まってきたなかで，「離婚」は果たして家族病理であると言い切れるだろうか。

　あるいは，第14章でみた非行行動だけでなく，不登校，いじめ，学力，家庭内暴力などについても，親子関係のあり方に原因があるという言説が広く流布している。それが正しいか間違っているかは，それこそ個々の家族状況を具に検証しなければ分からないが，この言説は「子どものしつけの責任者は家族である」という意識を親に持たせ，家庭教育の重要性を親に自覚させることに成功すると同時に，一方で，それが過度な場合，親子ともにストレスを及ぼす結果となってきた。では，どの

ような親子関係であれば子どもは問題を起こさないのかというと、それについては明示できない。このような事態は、家族しか子どもの社会化の責任を負うエージェントがいないことの表れであって、ベック（Beck, U.）が指摘するように、現代において家族は機能喪失ではなく機能拡大に直面しているのであり、機能の過剰負担に直面しているのかもしれない（ベック 2011 p.30）[注2]。

## 2. 個人化と家族の危機

ところで、近年、現代社会の変動として注目されているのが「個人化」（ベック 2011）である。個人化とは、「1970年代以降に見られる様々な中間集団の解体によって、個人による自己選択の余地が拡大するとともに、ライフコースが脱標準化し、失業や離婚など人生上のリスクを個人が処理することを余儀なくされるという、一連の現象である」（鈴木・伊藤 2011 p.6）。ほとんどの社会には個人的レベルの諸関係（たとえば家族集団）と、より広範な国家などのレベルの関係があり、その両者を繋ぐのが中間集団 intermediate group であって、地域社会や職業集団、自治的組織などがこれにあたる。個人は直接国家と結びつくのではなく、地域や職業集団との繋がりを通して国家・社会と繋がる。中間集団が崩壊・弱体化するということは、「〜会社の社員」とか「〜地区の住民」といった所属アイデンティティによる結びつきが弱くなることを意味するので、人間関係の希薄化が生じるというわけである。

図15-1は、「日本人の国民性調査」（統計数理研究所 2016）のなかで、「一番大切にしているもの」の変化を示したものである。高度経済成長期頃から「家族」を選択する人の割合が上昇しており、現在は最も多く選択されていることがわかる。これは個人化した社会において中間

第15章 現代の家庭教育の課題 | **229**

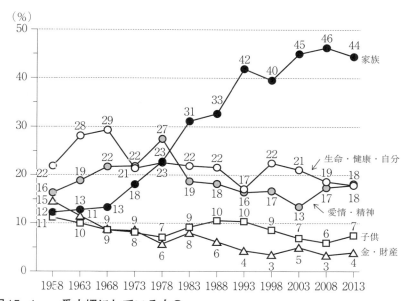

図15-1 一番大切にしているもの
出典：統計数理研究所『日本人の国民性調査（第13次調査）』(2016)

集団への帰属が薄れ，家族がアイデンティティの寄る辺となっていることと無関係ではなかろう。

　かつて，個人の行動・職業選択など生き方や自由を制限した伝統社会や監視的な地域社会から解放されたことで，個人は生き方の選択の余地を拡大させてきた。何歳で結婚しても構わないし，どんな職業につきたいと考えても良いし，どこで暮らそうと構わない。40歳で学生になっても良いし，職業選択のやり直しもきく。その一方で，そうした人生を選んだのは自分なのだから，もしもうまくいかなかったときのリスクを背負うのも自分自身となる。これが「個人化」と呼ばれる現象である。個人化が進むと，個々の家族で生じる危機やリスクについて，社会では

なく家族や個人が責任を負って対応しなければならない。たとえば第11章でみたように，離婚のリスクはひとり親家庭の貧困と結びつきやすく，それは子どもの進学率の格差や，ひとり親（多くは母親）の心身の健康状態を脅かすことへ繋がる。しかし個人化社会では，離婚を選んだのはその家族であり，その結果の貧困も自己責任であるから，それは個人の問題となる。

　これは，育児不安や児童虐待においても同様の構図で説明できてしまう。育児不安や児童虐待が生じるのは，家族の孤立化とか地域社会の脆弱化といった社会のシステムエラーであると考えるよりは，母親個人の性格やパーソナリティの問題であって，だから心理カウンセリングを受けることで心身の健康を取り戻さなければならないというように，医療化で対応する解決法が浮かびやすい。「医療化」とは，1970年代頃からみられ始める概念で，「ある問題を医学用語で，通常は病気あるいは障害として定義し，それを治療するために医療的介入を用いること」（進藤 2006 p.3）である。たとえば，肥満や児童虐待，精神病，アルコール依存症，ひきこもり，不登校などを，社会システムのなかで対処・対応すべき課題であると捉えるよりも，個々人の病気・障害であると考えて，個人の責任で治療すべきだと考える動きを指す。肥満は，現代社会ではメタボリックシンドロームという「病」なので，自分の身体の管理（「痩せろ」という外見上の責任）が課せられる。児童虐待は，言葉が広く一般に知られるにつれて，これまでであればしつけの一環として気にとめなかった行為も―たとえば，お仕置きとして尻を叩くという行為はどの程度の強度であればしつけであり，どこからが児童虐待になるのだろうかなど―自己点検が求められるようになった。子どもの痣には，わんぱく坊主の証というよりは，虐待のまなざしが向けられる。

　しかし本書でみてきたように，急激な社会変動―グローバル化，情報

化，消費社会化，個人化—が家族に変化をもたらし，家族構造・家族意識・家族機能の様子を変えさせてきたのであって，そのうねりのなかで，人びとは生き方や家庭教育のあり方，親子関係の築き方の模索を余儀なくされている。バウマン（Bauman, Z.）も個人化について触れ，「形式上の個人であることは，不幸を誰のせいにもできないこと，挫折を自らの怠惰以外のせいにできないこと，救済手段を努力以外にみいだしえないことを意味する」社会において，人びとは社会的矛盾の解決よりも個人的解決へ向かうことを指摘する（バウマン 2001 訳書 p.50）。もちろん，個人的に対応・対処できる人びと—経済力があり，あるいは助けてくれる人的資源が豊富な人びと—もいるが，その反面，離婚，貧困，虐待，失業，孤独，疲病，精神疾患といった問題は，人的・経済的資源や社会関係資本に乏しい不利な層に，重層的に生じやすい[注3]。

　社会関係資本とは，「人と人とのつながりや支え合い，更にそこから生まれる他者に対する信頼，規範，互酬性のこと」である。この概念はロバート・パットナムによるものであるが，彼は，社会資本関係の中心にあるのは「社会的ネットワーク」であり，それに尽きると指摘する（Putnam 訳書 2013 p. 4）。そこで最後に，社会的ネットワークと家庭教育の関係について考えてみることとしよう。

## 3. 家庭教育をめぐる課題
　　―社会的ネットワークの重要性―

　地域社会における日常的付き合いが頻繁で，親族が近隣に住み，子ども数も多い時代であれば，子育てに関する知識や方法は近所の家庭でいつでも観察できるし，親子関係で悩みが生じれば周囲の人に気軽に相談ができた。このように，家族に限定されず，地域社会のなかで多くの大

人によって子どもが育てられることをマルティプル・ペアレンティングという。しかし近年は，多くの地域において家族をとりまく地域社会の弱体化が進み，以前であれば近隣社会の力を借りることができたことも，すべて親が担わなければならない。その結果，子どものしつけの責任は親に偏るので，社会化エージェントとしての親の重要性は益々大きくなっている。その一方で，社会変容に伴って社会的価値観や技術も変化・刷新されているから，親は社会化の内容について外部社会の情報を取り入れる必要がある。

インターネットやスマホなどニューメディアの普及は，子育て情報を指先で簡単に得られる状況をつくりだしてきた。児童虐待や育児不安・育児ノイローゼ，いじめ・不登校・家庭内暴力といった社会問題は，その対策として子育て世帯への社会的支援体制や家庭教育支援を整える環境をつくりだしてきたが，その恩恵に先ずあずかれるのは積極的に情報をキャッチしようとした層である。市役所で調べれば，自分の住む街にいかに多くの育児サークルがつくられているかに驚くだろうし，書店に行けば，「よい子に育てる方法」に関する書籍がいかに多く刊行されているかに気づかされる。自分から探せば多くの情報・支援プログラムにあたることができるが，それは周囲の人々との日常的なやりとりの中で，自然と子育ての知識・情報が得られた時代とは異なる特徴であり，地域社会の衰退の裏返しでもある。

マスメディアを利用するだけでなく，子育てに関する情報や意見は，限られたネットワーク内に住む親しい知人を頼りにする場合もあるだろうが，「他人指向型社会」（リースマン訳書 1964）[注4]では，その相手もまた同じ手探り状態にあるのだから，つまり誰も確固たる自信をもって子育てを行っているわけではないことになる。そうすると，親が最も良いと信じる方法よりも，広く社会で受け入れられそうな，多くの親たち

の支持・承認を得て主流となりそうな家庭教育の内容・方法を取り入れようと考えることになる。こうした事態に，子どもたちも薄々気づいている。子どもは，大人が自分たちの前で使う格言や説諭は絶対的なものではなく，状況に応じて発せられる流動的なものであることを知っているのであって（第14章），大人の説教・存在は，子どもにとって，もはや絶対的なものでも盲目的に信じればよいものでもなくなっている。

　天童（2012）は，「子育て期という人生の一時期は，多様な他者との交わりを通して子どもも親も成長する，人間らしい生き方を再確認できる貴重な時期」であって，「そこで地域に期待される役割は，子どもだけでなく，子育て期にある親を見守る，ネットワークの形成である。加えて，ポスト『近代家族』における家庭教育と子育ての検討は，夫婦・両親のいる家族だけでなく，ひとり親，血縁によらない家族など，多様な家族関係，親子関係への視点も含みながら考えていくことが肝要」であることを指摘する（天童 2012 p.230）。本書の中でも，公的・社会保障的・社会的ネットワークにおいて，子育てや家庭教育が支えられるようになってきた様子が示されていたが，助け合いや他者への関心をもつことの重要性が少しずつ社会で醸成されてきている。図15-2は，「たいていの人は，他人の役に立とうとしていると思いますか。それとも自分のことだけに気を配っていると思いますか」という質問への回答を表しているが（統計数理研究所 2016），徐々に，個人主義というよりは社会的助け合いへ関心が高まっていると感じているようである。

　先述したように，家庭教育における問題や課題は，家族の人的・経済的資源や社会関係資本の乏しいところに生じやすい。それゆえ，支援政策・プログラムの作成者・実施組織は乳児家庭全戸訪問事業などによって，支援を必要とする家庭を探しだすというアウトリーチをとるようになってきた（第8章）。

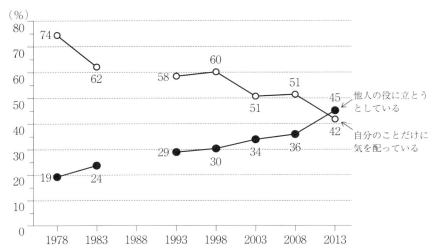

**図15-2** 「他人の役に立とうとしているか，自分のことだけに気を配っているか」

出典：統計数理研究所『日本人の国民性調査（第13次調査）』(2016)

　松田は，「ある社会において社会関係資本が潤沢であれば，その社会では人と人との助け合いが多くなされ，政治，経済，さらにそこで暮らす人びとの生活も円滑に営まれる。育児における地域社会の役割は，まさにこの社会関係資本にあたる。地域における社会関係資本が豊富にあれば，地域で子どもおよび子育てをする家庭を支えようという雰囲気ができ，実際に地域の人びとからサポート等がなされるため子育てはしやすくなる」ことを指摘する（松田 2008 p.7）。

　今後，さらに社会変化が急激に進むと予測されるなかで，親だけが子どもの社会化の責任を担うことは家族内に緊張や不安を内包させることにもつながる。それを回避・解消するために家族のプライバシーや人権と抵触しない範囲で，しかも子どものいる家族だけでなく，それを支え

る人びとのエンパワーメントを高める社会的ネットワークづくりを進めていくことが重要となるであろう。

## 》注
1）那須宗一・大橋薫・四方寿雄・光川晴之編著『家族病理学講座』1〜4（誠信書房，1979-1981年）より。
2）リスク社会における個人化の問題を提唱したベックは，近代家族の特徴を，性別役割分業というよりは男女の不平等に基づくものであると考えた。妻は夫の賃金に依存して家事・母性を担当し，夫が移動するときにはセットで移動し，家族と家事に生涯にわたって従事する役割を担うものであった。しかし現在，主婦という役割から多くの女性が飛び出し，その意味で旧来の家族モデルは打破されるであろうと。そして，その場合，「家族の後に来るものは何だろうか」と問いを立てるが，答えは見あたらないとも言う。
3）たとえば，内閣府（2001）『国民生活白書』では，全国児童相談所における家庭内虐待調査の結果として，児童虐待に繋がる家庭状況に「経済的困難」44.6％，「孤立」40.4％，「夫婦間不和」28.6％，「ひとり親」27.8％，「育児不安（育児嫌悪感・否定感情）」24.6％，「就労不安定」24.2％などが指摘されている。
4）他人指向型とは，リースマン（Riesman, D., 1961）による社会的性格の3類型の一つ。伝統・慣習に従う型の社会を伝統型といい，行動の規準が自分自身の価値や信念，良心にある型を内部指向型，他人の意向や承認，他人の出方といった自分の外部に行動の規準を求める型を他人指向型という。外部指向型ともいう。

### 学習課題

（1）子どもの社会化の内容で，①社会の変化に左右されにくいものと，②社会変化に影響を受けやすいものを，それぞれいくつかあげて，その特徴を考えてみよう。

(2) 不登校，引きこもり，家庭内暴力をはじめ，さまざまな子どもの問題行動が起こっている。子どもの問題行動には様々な要因が複合的に関連しているが，家族に関わる要因としてはどのようなものが考えられるだろうか。考えてみよう。
(3) 個人化や医療化で，テキストにあげた事例（児童虐待，育児不安，メタボ〈反対に，痩せ症〉，不登校など）を説明した場合と，それらを社会的課題と捉えた場合の対応の違いについて比較してみよう。

## 引用文献

Bauman, Z., 2000, *Liquid Modernity*. Polity Press.（= 2001，森田典正訳『リキッド・モダニティ―液状化する社会』大月書店）
ベネッセ「幼児期から小学校1年生の家庭教育調査」
松田茂樹　2008『何が育児を支えるのか―中庸なネットワークの強さ』勁草書房
森田洋司・進藤雄三編　2006『医療化のポリティクス―近代医療の地平を問う』学文社
Putnam, R.D.（ed）2001, *Democracies in Flux*. Verlag Bertelsmann Stiftung, Gütersloh.（= 2013，猪口孝訳『流動化する民主主義：先進8カ国におけるソーシャル・キャピタル』ミネルヴァ書房）
Riesman, David, 1961 *The Lonely Crowd : A study of the changing American character*. Yale University Press.（= 1964，加藤秀俊訳『孤独な群衆』みすず書房）
住田正樹・天童睦子・田中理絵　2012『家庭教育論』放送大学教育振興会
統計数理研究所　2016「日本人の国民性調査（第13次調査）」
ウルリッヒ・ベック・鈴木宗徳・伊藤美登里編著　2011『リスク化する日本社会―ウルリッヒ・ベックとの対話』岩波書店

## 付表1

《1990年以降の少子化・子育て支援関連施策》

| 年 | 少子化・子育て支援関連施策 |
|---|---|
| 1990 | 1.57ショック＝丙午の合計特殊出生率1.58を下回り，少子化の傾向が注目を集める |
| 1991 | 「育児休業法」成立（92年4月より施行） |
| 1994 | エンゼルプラン（〜1999年度）<br>緊急保育対策等5か年事業（〜1999年度） |
| 1995 | 「育児休業法」が「育児・介護休業法」に（96年4月施行）<br>ILO156号条約（家族的責任条約）批准 |
| 1999 | 新エンゼルプラン策定（〜2004年度）<br>・「育児をしない男を，父とは呼ばない」（厚生省）が話題に |
| 2001 | 仕事と子育ての両立支援等の方針（「待機児童ゼロ作戦」等） |
| 2002 | 「少子化対策プラスワン」を公表（厚生労働省まとめ） |
| 2003 | 「少子化社会対策基本法」成立<br>「次世代育成支援対策推進法」成立 |
| 2004 | 少子化社会対策大綱（6月4日閣議決定）<br>子ども・子育て応援プラン（〜2009年度まで） |
| 2006 | 少子化社会対策会議「新しい少子化対策について」（〜2007年度） |
| 2007 | 「子どもと家族を応援する日本」重点戦略<br>仕事と生活の調和（ワーク・ライフ・バランス）憲章<br>・労働契約法に，仕事と生活の調和への配慮が盛り込まれる |
| 2008 | 「新待機児童ゼロ作戦」 |
| 2010 | 少子化社会対策大綱（子ども・子育てビジョン）策定（〜2015年3月）<br>子ども・子育て新システム検討会議<br>育児・介護休業法改正（「パパママ育休プラス」導入） |
| 2012 | 「子ども・子育て支援法」など子ども・子育て関連3法（2015年から本格施行） |
| 2013 | 少子化危機突破のための緊急対策<br>待機児童解消加速化プラン |
| 2014 | 放課後子ども総合プランの策定 |
| 2015 | 新たな少子化社会対策大綱の策定と推進<br>少子化社会対策大綱<br>「次世代育成支援対策推進法」延長 |
| 2016 | 「子ども・子育て支援法」改正 |

矢澤澄子・国広陽子・天童睦子（2003）『都市環境と子育て』勁草書房，内閣府（2016）「これまでの少子化対策の取り組み」をもとに作成

# 付表2

## 《児童虐待防止対策》

| 年 | 児童虐待防止対策の法・施策 |
|---|---|
| 2000年<br>（平成12年） | 児童虐待の防止等に関する法律（児童虐待防止法）成立<br>・児童虐待定義，住民の通告義務 |
| 2004年<br>（平成16年） | 児童虐待防止法・児童福祉法の改正<br>・児童虐待の定義見直し（同居人による虐待を放置することも対象）<br>・通告義務の範囲拡大<br>・市町村の役割の明確化，要保護児童対策地域協議会の法定化 |
| 2007年<br>（平成19年） | 児童虐待防止法・児童福祉法の改正（1998年4月施行）<br>・児童の安全確認等のための立入調査等の強化<br>・保護者に対する面会・通信等の制限強化等 |
| 2008年<br>（平成20年） | 児童福祉法の改正<br>・乳児家庭全戸訪問事業<br>・里親制度の改正等家庭的養護の拡充<br>・養育支援訪問事業等子育て支援事業の法定化及び努力義務化<br>・要保護児童対策地域協議会の機能強化等 |
| 2011年<br>（平成23年） | 児童福祉法の一部改正<br>・親権停止及び管理権喪失の審判等について<br>・児童相談所長の請求権付与等 |
| 2017年<br>（平成29年） | 児童虐待防止対策推進本部<br>児童福祉法・児童虐待防止法等の改正<br>・児童福祉法の理念の明確化<br>・市町村及び児童相談所の体制強化<br>・児童虐待の発生予防：妊娠期から子育て期までの切れ目ない支援<br>・被虐待児童への自立支援：20歳未満の児童養護施設退所者対象 |

厚生労働省雇用機会・児童家庭局「児童家庭福祉の動向と課題」（2017年 児童相談所長研修）より作成

## 主要参考文献

(1) Bossard, J.H.S. and Boll, E.S., 1965, *The Sociology of Child Development*（4th）, Harper & Row. 末吉悌次（監訳）『発達社会学―幼児期から青年期まで』（1971 黎明書房）
(2) Bowlby, John, 1984, *Attachment and Loss*（2nd）, Penguin UK. 黒田実郎・大羽蓁ほか（訳）『母子関係の理論Ⅰ 愛着行動』（1991 岩崎学術出版社）
(3) Chodorow, Nancy, 1978, *The Reproduction of Mothering*. University of California Press. 大塚光子・大内菅子（訳）『母親業の再生産―性差別の心理・社会的基盤』（1981 新曜社）
(4) Cooley, C.H., 1909, *Social Organization : A Study of the Larger Mind*, Charles Scribner's Sons. 大橋幸・菊池美代志（訳）『社会組織論』（1970 青木書店）
(5) 遠藤野ゆり・大塚類 2014 『あたりまえを疑え！―臨床教育学入門』新曜社
(6) 舩橋惠子 2006 『育児のジェンダー・ポリティクス』勁草書房
(7) Gerth, H.H. and Mills, C.W., 1953, *Character and Social Structure : the psychology of social institutions*, Harcourt, Brace & World, Inc. 古城利明・杉森創吉（訳）『性格と社会構造』（1970 青木書店）
(8) 原田正文 2006 『子育ての変貌と次世代育成支援』名古屋大学出版会
(9) Havighurst, R.J., 1953, *Human Development and Education*, longmans, Green & Co., 庄司雅子（訳）『人間の発達課題と教育』（1995 玉川大学出版部）
(10) Hirschi, Travis, 1969, *Causes of Delinquency*. The Regents of the University of California. 森田洋司・清水新二（監訳）『非行の原因―家庭・学校・地域へのつながりを求めて』（1995 文化書房博文社）
(11) 東野充成 2008 『子ども観の社会学―子どもにまつわる法の立法過程分析』大学教育出版
(12) 平木典子・柏木惠子（編） 2015 『日本の親子―不安・怒りからあらたな関係の創造へ』金子書房
(13) Hochschild, A.R., 1990, *The Second Shift : Working Parents and the Revolution at Home*, Viking Penguin. 田中和子（訳）『セカンド・シフト―アメリカ共働き革命のいま』（1990 朝日新聞社）

⑭　石井クンツ昌子　2013『「育メン」現象の社会学——育児・子育て参加への希望を叶えるために』ミネルヴァ書房
⑮　神原文子・NPO法人しんぐるまざーず・フォーラム・関西（編）　2012『ひとり親家庭を支援するために——その現実から支援策を学ぶ』大阪大学出版会
⑯　柏木惠子編著　1993『父親の発達心理学——父性の現在とその周辺』川島書店
⑰　柏木惠子　2003『家族心理学——社会変動・発達・ジェンダーの視点』東京大学出版会
⑱　工藤保則・西川知亨・山田容　2016『〈オトコの育児〉の社会学——家族をめぐる喜びととまどい』ミネルヴァ書房
⑲　Lindesmith, A.R., Strauss, A. and Denzin, N.K., 1978, *Social Psychology*, Holt, Rinehart and Winston. 船津衛（訳）『社会心理学』（1981 恒星社厚生閣）
⑳　Laing, R.D., 1969, *Self and Others*. Tavistock Publications, London. 志貴春彦・笠原嘉（訳）『自己と他者』（1975 みすず書房）
㉑　Lynn, D.B. 1978, *The Father : His Role in Child Development*. Wadsworth Publishing Co. 今泉信人・黒川正流・生和秀敏・浜名外喜男・吉森護（共訳）『父親——その役割と子どもの発達』（1981 北大路書房）
㉒　牧野カツコ・中野由美子・柏木惠子（編）　1996『子どもの発達と父親の役割』ミネルヴァ書房
㉓　牧野カツコほか編著　2010『国際比較にみる世界の家族と子育て——子育てに関する親の意識・実態と今後の課題』ミネルヴァ書房
㉔　Merton, R.K. 1957, *Social Theory and Social Structure*. The Free Press. 森東吾・森好夫・金沢実・中島竜太郎（訳）『社会理論と社会構造』（1961 みすず書房）
㉕　Mitscherlich, A., 1963, *Auf dem Weg zur vaterlosen Gesellschaft. Ideen zur Sozialpsychologie*, R.Piper & Co. Verlag, München. 小宮山実（訳）『父親なき社会——社会心理学的思考』（1988 新泉社）
㉖　森田ゆり　2004『新・子どもの虐待——生きる力が侵されるとき』岩波書店
㉗　中田基昭・大塚類・遠藤野ゆり　2011『家族と暮らせない子どもたち』新曜社
㉘　Newman, B.M. & Newman, P.R., 1984, *Development Through Life : A Psychsocial approach* (3th), Dorsey. 福富護（訳）『新版 生涯発達心理学——エリクソンによる人間の一生とその可能性』（1988 川島書店）

⑲　根ヶ山光一・柏木惠子編著　2010『ヒトの子育ての進化と文化―アロマザリングの役割を考える』有斐閣
⑳　日本保育学会編　2016『保育学講座2　保育を支えるしくみ―制度と行政』東京大学出版会
㉛　Parsons, T. and Bales, R.F., (Eds) 1956, *Family : Socialization and Interacton Process.* Routledge & Kegan Paul Ltd. 橋爪貞雄・溝口謙三・高木正太郎・武藤孝典・山村賢明（訳）『家族―核家族と子どもの社会化』(2001 黎明書房)
㉜　Riesman, David, 1961, *The Lonely Crowd : A Study of the Changing American Character.* Yale University Press. 加藤秀俊（訳）『孤独な群衆』(1964 みすず書房)
㉝　柴野昌山（編）　1989『しつけの社会学―社会化と社会統制』世界思想社
㉞　清水幾太郎　1940『社会的人間論』(但し1969年版) 角川書店
㉟　住田正樹　2014『子ども社会学の現在―いじめ・問題行動・育児不安』九州大学出版会
㊱　田中理絵　2009『家族崩壊と子どものスティグマ』九州大学出版会
㊲　天童睦子（編）　2004『育児戦略の社会学―育児雑誌の変容と再生産』世界思想社
㊳　天童睦子（編）　2016『育児言説の社会学―家族・ジェンダー・再生産』世界思想社
㊴　東京女子大学女性学研究所・有賀美和子・篠目清美（編）　2004『親子関係のゆくえ』勁草書房
㊵　筒井淳也　2016『結婚と家族のこれから―共働き社会の限界』光文社新書
㊶　内海新祐　2013『児童養護施設の心理臨床―「虐待」のその後を生きる』日本評論社
㊷　矢澤澄子・国広陽子・天童睦子　2003『都市環境と子育て―少子化・ジェンダー・シティズンシップ』勁草書房
㊸　山村賢明（門脇厚司・北澤毅編）　2008『社会化の理論―教育社会学論集』世織書房

## 〈放送教材特別ゲスト〉住田正樹先生のワンポイント・レッスン

　この講義では，現代の家庭教育がどのような社会的変化を経て形成されてきたのか，そして家族を取り巻く環境や状況は今どのようになっているのかなど，その諸課題について分析しています。

　私たちは誕生の瞬間から家族を経験します。養育者がいて，家族集団での日常生活が続き，長年にわたって養育・教育されます（します）ので，家庭教育についてもよく知っていると考えがちです。しかし，家族集団は社会集団の下位集団ですから，文化・経済・政治の変動に影響を受け，それに伴い，子育ての仕方や教育・子ども・家族に関する考え方も変わります。その意味で，私たちが知る家族（あるいは家庭教育）は，ある一時期に広く社会に受け入れられた規範でしかないわけです。特に，都市化や核家族化が進み，地域社会の連帯感が弱まるなかで，私たちは自分の家族生活・家庭教育しか経験できなくなってきました。そうすると，現代の家族が如何に急激に変化してきたのかを知る機会もますます乏しくなるので，家庭教育が歴史的に見て動的な概念であることを忘れがちです。

　ところで，家庭教育の中心―家庭教育をする主体―は，親（保護者）ですから，親の子育て，親の抱える問題，親子関係に焦点が置かれます。その一方で，家庭教育を受ける側の子どもの世界を知ることも，本講義を理解するためには重要な視点となります。そこでラジオ教材では，住田正樹先生を特別ゲストにお迎えし，家庭教育の現状や課題をより深く知る助けとして，子どもの発達社会学の視点からお話して頂くことにしました。

　住田正樹先生は，日本における子どもの仲間集団研究の第一人者です。「子どもの健全な発達において，仲間集団は重要である」とよく言われますが，しかし，ではなぜ重要なのかに関する系統的・実証的な学術研究は，実はあまり多くありません。というのも，子どもの仲間集団は「子どもだけの世界」で生き生きと活動しますので，大人である研究者が介入することは非常に難しいからです。しかし，社会科学の進展は客観的・実証的な証拠を必要としますので，住田先生は，実際の子どもたちの仲間集団をとらえ，構造面だけでなく，そのなかの相互作用から子どもの仲間集団の機能面についても調査・解明されてきました。

大人は子どもの仲間集団を「遊び友だち」として一括りにとらえがちですが，住田先生は，子どもの相互作用に注目すると二つのタイプ（「活動集団」「交友集団」）に分けることができることを証明されました。好きな者同士だけではなく，時には嫌いな子どもであっても活動（遊び）のために互いに仲間として認め合う集団を「活動集団」，仲が良いことを契機とする集団を「交友集団」と名付け，それぞれの構造・機能について明らかにされたのです。子どもの仲間集団の構造・機能の両側面から実証的に解明している研究は少なく，また大勢で家の外で遊ぶ子どもの姿が見られなくなってきた現代では，ますます調査自体が難しくなっています。その意味でも，子どもの仲間集団の基礎となる研究なのですが，それだけでなく，住田先生は，いじめや育児不安，地域教育，子どもの居場所問題などについても積極的に研究成果を発信されています。

　このワンポイント・レッスンでは，子どもの遊び調査の方法や仲間集団の社会化機能，いじめ，育児情報の氾濫と混乱，父親の関わり方，育児サークルの機能，「世間」が家庭教育に及ぼす影響など，さまざまなテーマから子育てについて考えるヒントを与えてくれると思います。ワンポイント・レッスンを通して，子ども世界の理解を深めつつ，家庭教育のあり方についても考えを広めていただければと思います。　　　　　　　　　　［記：田中理絵］

●**住田正樹先生の略歴**　1944年生まれ（兵庫県）。慶應義塾大学文学部（社会学専攻）卒業。冥京大学大学院教育学研究科博士課程中退。教育学博士。九州大学名誉教授，放送大学名誉教授。主著に『子どもの仲間集団と地域社会』（1985，九州大学出版会），『子どもの仲間集団の研究』（1995，九州大学出版会），『地域社会と教育』（2001，九州大学出版会），『子ども社会学の現在』（2014，九州大学出版会），『子どもたちの「居場所」と対人的世界の現在』（編著，2003，九州大学出版会），『リトルリーグの社会学』（監訳，2009，九州大学出版会），『子どもと地域社会』（編著，2010，学文社），『子どもと家族』（編著，2010，学文社），『児童・生徒指導の理論と実践』（編著，2011，放送大学教育振興会），『家庭教育論』（編著，2012，放送大学教育振興会），『変動社会と子どもの発達』（編著，2015，北樹出版），『人間発達論特論』（編著，2015，放送大学教育振興会）ほか多数。

《住田正樹先生のワンポイント・レッスン 一覧》

| | 本書の講義題目 | ワンポイント・レッスン |
|---|---|---|
| 第1回 | 家庭教育と家族の変容 | 子どもの遊び調査と観察法 |
| 第2回 | 家族集団と子どもの社会化 | 子どもたちのプライド |
| 第3回 | 育児観と子ども観の変容 | 準拠集団と仲間たち |
| 第4回 | 親になる過程 ―親役割の取得 | 子どもの仲間集団の社会化機能 |
| 第5回 | 育児不安 | いじめとは何か |
| 第6回 | 父親の育児参加 | いじめへの対応 |
| 第7回 | ワーク・ライフ・バランスと家庭教育 | 親になっていくこと |
| 第8回 | 家庭教育支援と地域社会 | 育児情報の氾濫と混乱 |
| 第9回 | 現代の保育ニーズと保育政策 | 父親の精神的サポート |
| 第10回 | しつけの混乱 ―親の不安と戸惑い | 育児サークルの機能 |
| 第11回 | ひとり親家庭の現在と支援のあり方 | 親の愛情とは |
| 第12回 | 児童虐待はいかに語られるか ―虐待発生のメカニズム | 「父親不在」のもたらしたもの |
| 第13回 | 虐待された子どもたちのその後 ―他者と共に生きる「自立」に向けて | 「笑い」の教育 |
| 第14回 | 親子関係と子どもの問題行動 | 子どもの仲間集団の変容 ―活動集団から交友集団へ― |
| 第15回 | 現代の家庭教育の課題 | |

# 索引

●配列は五十音順，＊は人名を示す。

## ●あ 行

ILO第156号条約　106
愛情関係　196
愛着　25, 199, 200
愛着期　28, 30
アウトリーチ　126, 233
預かり保育　134, 138
アタッチメント　25, 26
家制度　39
育休切り　113
育児・介護休業法　107, 112
育児休業　76, 77, 118, 128
育児言説　49, 94
育児サークル　120, 122, 232
育児ノイローゼ　73, 74
育児不安　73-77, 79, 80, 81, 82, 120, 122, 125, 126, 128, 156, 226, 230, 232
育児文化　19, 21, 22, 71
育児メディア　47
遺族基礎年金　169
医療化　230
エインズワース＊　26
エディプス位相　28, 31
親アイデンティティ　65
親役割　65, 68
親役割の社会化　34

## ●か 行

核家族　14, 31, 73
核家族化　13, 14
家族意識　14, 17, 19, 22, 117, 231
家族構造　13, 17, 19, 22, 34, 231
家族との再統合　197, 203, 206, 207

家族のプライバシー　128, 234
家族病理　227
語られる　176, 177
語り　175, 176, 181, 183, 188, 190, 193
語る　180, 189, 192
家庭　40
家庭教育　9, 10, 11, 13, 22, 34, 35, 40, 127, 227, 233
家庭教育支援　125, 128, 129
家庭の教育力　151
家庭の教育力の低下　226
寡婦控除　172
間主観性　25
規制改革推進3カ年計画改訂　138
規制緩和推進3カ年計画　137
虐待　190, 201, 203, 207, 226
教育する家族　42, 43, 154
教育する父親　94, 97
行政不服審査法　141
近代家族　22, 46, 233
クーリー＊　27
ケアラーとしての男性　87
ケアラーとしての父親　88, 89, 93
経済的貧困　176
欠損家族　162
権威　30
現金給付　166, 167, 168
現物給付　166, 167
口唇依存期　28, 30
口唇危機　28, 30
肛門位相　28, 30
国民年金法　168
個人化　228, 229, 231

個人志向家族　43, 148
子育て　157, 158
子育て環境格差　127
子育てが不適切　187
子育ての社会史　37
孤独　177
子ども中心主義　46
子どもの社会化　22, 24, 27, 28, 33, 35
子どもの社会化エージェント　28
子どもをもつこと　63
雇用均等基本調査　107, 108, 113
孤立　180, 184, 189, 191, 192

●さ　行
再配分　165, 168, 170
3歳児神話　48, 117
自己イメージ　200, 201, 203, 209
私事化　227
次世代育成支援対策推進法　106, 142
自尊感情　200, 201
しつけ　34, 145, 177, 183, 186, 191
シティズンシップ　100
児童虐待　122, 125, 126, 129, 176, 177, 178, 181, 182, 184, 186, 187, 191, 192, 196, 230, 232
児童虐待防止法　181, 182, 195
児童相談所　177, 178, 179, 186, 195, 196, 197
児童福祉法　132, 138
児童扶養手当　165, 166, 167, 168, 169, 170, 171, 172
児童扶養手当法　168, 169, 170, 171
児童扶養手当法施行令　169
柴野昌山＊　146, 156
社会化　10, 11, 27, 28, 29, 31, 32, 33, 34, 53, 147, 214, 222, 225, 228, 234
社会化エージェント　11, 37, 39, 232
社会化のメカニズム　28, 32, 225
社会関係資本　231, 233
社会生活基本調査　107
社会的ネットワーク　231, 235
社会的養護　197, 200
社会統制　147
社会保障費用統計　114
重要な他者　27, 199, 222
手段的役割　31, 34
受容　199, 200, 201, 202, 205, 207, 211
少子化　16, 17, 77, 127
少子化社会対策基本法　142
少子化対策　106, 111, 114, 142
承認　165, 168, 169, 170
初期的社会化　10, 24, 213
女性学　48
女性のライフコース　57, 58
所得税法　172, 173
自立　197, 203, 204, 206, 207, 208, 210
自律的道徳　31
シングルマザー　172
新自由主義　137, 138, 139, 140
身体的虐待　176, 179, 180, 181
心理的虐待　179, 180, 181, 182
スティグマ　163
住田正樹＊　75, 79, 80, 226
成果主義型賃金　105
成果主義型賃金制度　108
成熟期　28, 31
生殖医療　61
性的虐待　179, 181
青年期　28, 31
性の社会化　31

性別役割分業　14, 15, 46, 73, 117, 118
性役割　31, 33, 34
世間　209, 210
潜在期　28, 31
選択　204, 207, 211
総ケア提供者モデル　115, 143

●た　行
第一次集団　27
待機児童　132, 135, 138
待機児童ゼロ宣言　133, 138
体罰　183, 191
他者イメージ　198, 200, 203, 207, 209, 210
他者の承認　222
他人指向型社会　214, 222, 232
他律的道徳　31
男女共同参画基本法　110
男女共同参画社会　106, 110, 111, 142
男女雇用機会均等法　112
地位家族　43, 148
地域社会　159
父親の育児参加　79, 80, 86, 91, 94
父親の再発見　48, 87
チョドロウ＊　34
帝国臓器製薬事件　110
適切な養育　189
ドミナント・ストーリー　190, 192

●な　行
ナラティヴ　190
乳児家庭全戸訪問事業　124, 125, 126, 233
認証保育所　134
認定こども園　134, 138
ネグレクト　178, 179, 180, 181

●は　行
ハーシ＊　220
パーソナル・アピール型　149
パーソンズ＊　28, 29, 31, 53
ハート＊　32
バーンスティン＊　43
ハイリスク要因　191
ハヴィガースト＊　10, 12, 54
バウマン＊　231
発生のメカニズム　183
発達　24, 25, 27
発達課題　10, 11, 12
パパ・クオータ　87, 90, 91
パパ・ママ育休プラス　107
母アイデンティティ　66
母親の孤立化　37
母になること　61
反抗期　31
晩婚化　57, 58
被虐待　197, 203, 208
非行　199, 205, 206, 218, 219, 227
非受容的　200, 201
ひとり親　14, 128, 185, 230
表出的役割　31, 34
貧困　231
不安　187, 189, 192
普通　198, 204, 209
不適切な養育　178, 182, 184, 196
文化伝達　146
ペアレントクラシー　50, 97, 98
保育所最低基準　140
訪問型家庭教育支援　124, 125
ボウルビィ＊　25, 26
保活　141
母子一体性　30

母子福祉年金　169
母性神話　48
母性的養育　26
ポピュレーション・アプローチ　126

●ま　行

牧野カツコ*　74, 75, 77
マザーリング　26
マターナル・デプリベーション　27
マタハラ　113
マルティプル・ペアレンティング　33, 232
マルトリートメント　129
見えない統制　148, 149
見える統制　148, 149
未婚化　57, 58
明治図書出版事件　110
メリトクラシー　49, 98, 99
面前DV　182
物語　192, 193

●や　行

養育（態度）が不適切　186, 187, 188
要因　176, 184
幼保一体化　134

●ら　行

ライフコース　56
ラポール　129
リースマン*　213, 214, 215, 232
離婚　231
リズリー*　32
レイン*　222
労働契約法　107
労働力調査　104

●わ　行

ワーク・ライフ・バランス　94
ワークフェア　171, 172
われわれ感情　27

# 分担執筆者紹介

(執筆の章順)

## 天童　睦子（てんどう・むつこ）　・執筆章→3・4・6・10

| | |
|---|---|
| 1957 年 | 宮城県に生まれる |
| 1979 年 | 東京女子大学文理学部卒業 |
| 2001 年 | 早稲田大学大学院教育学研究科博士後期課程修了 |
| 現　在 | 宮城学院女子大学一般教育部教授・博士（教育学） |
| 専　攻 | 教育社会学・女性学 |
| 主な著書 | 『女性・人権・生きること』（単著 学文社） |
| | 『教育の危機―現代の教育問題をグローバルに問い直す』（監訳書 東洋館出版社） |
| | 『育児言説の社会学―家族・ジェンダー・再生産』（編著 世界思想社） |
| | 『知識伝達の構造―教育社会学の展開』（編著 世界思想社） |
| | 『親子関係のゆくえ』（共著 勁草書房） |
| | 『都市環境と子育て―少子化・ジェンダー・シティズンシップ』（共著 勁草書房） |

## 東野　充成（ひがしの・みつなり）　・執筆章→7・9・11

| | |
|---|---|
| 1977 年 | 大阪府に生まれる |
| 1999 年 | 九州大学教育学部卒業 |
| 2004 年 | 九州大学大学院人間環境学府発達・社会システム専攻博士後期課程修了 |
| 現　在 | 九州工業大学教養教育院教授・博士（教育学） |
| 専　攻 | 教育社会学（子ども論・社会政策） |
| 主な著書 | 『子ども観の社会学』（単著 大学教育出版） |
| | 『揺らぐサラリーマン生活』（共著 ミネルヴァ書房） |
| | 『変動社会と子どもの発達』（共著 北樹出版） |
| | 『リトルリーグの社会学』（共訳書 九州大学出版会） |
| | 『子どもと地域社会』（共著 学文社） |
| | 『子どもへの現代的視点』（共著 北樹出版） |

**遠藤　野ゆり**（えんどう・のゆり）・執筆章→12・13

1978年　山口県に生まれる
2001年　東京大学教育学部卒業
2007年　東京大学大学院教育学研究科博士課程修了
現　在　法政大学キャリアデザイン学部准教授・博士（教育学）
専　攻　臨床教育学（現象学・思春期問題・生きづらさ論）
主な著書　『虐待された子どもたちの自立』（単著 東京大学出版会）
　　　　　『家族と暮らせない子どもたち』（共著 新曜社）
　　　　　『現象学から探る豊かな授業』（共著 多賀出版）
　　　　　『教育を原理する』（共著 法政大学出版会）
　　　　　『エピソード教育臨床　生きづらさを描く質的研究』（共編著 創元社）
　　　　　『あたりまえを疑え！　臨床教育学入門』（共著 新曜社）
　　　　　『ベストをつくす教育実習』（共編著 有斐閣）

# 編著者紹介

田中　理絵（たなか・りえ）　・執筆章→1・2・5・8・14・15

| | |
|---|---|
| 1973年 | 東京都に生まれる |
| 1995年 | 九州大学教育学部卒業 |
| 2000年 | 九州大学大学院教育学研究科博士課程修了 |
| 現　在 | 山口大学教育学部准教授・博士（教育学） |
| 専　攻 | 教育社会学・発達社会学 |
| 主な著書 | 『家族崩壊と子どものスティグマ』（単著 九州大学出版会） |
| | 『現代の児童生徒指導』（共著 放送大学教育振興会） |
| | 『人間発達論特論』（共編著 放送大学教育振興会） |
| | 『受難の子ども〜いじめ・体罰・虐待〜』（共著 一藝社） |
| | 『変動社会と子どもの発達』（共著 北樹出版） |
| | 『新しい教育社会学』（共著 ミネルヴァ書房） |
| | 『家庭教育論』（共著 放送大学教育振興会） |
| | 『子どもと地域社会』（共著 学文社） |
| | 『子どもと家族』（共著 学文社） |
| | 『子どもへの現代的視点』（共著 北樹出版） |
| | 『教育文化論』（共著 放送大学教育振興会） |
| | 『子どもたちの「居場所」と対人的世界の現在』（共著 九州大学出版会） |

放送大学教材　1529250-1-1811（ラジオ）

# 現代の家庭教育

発　行　　2018年3月20日　第1刷
編著者　　田中理絵
発行所　　一般財団法人　放送大学教育振興会
　　　　　〒105-0001　東京都港区虎ノ門1-14-1　郵政福祉琴平ビル
　　　　　電話　03（3502）2750

市販用は放送大学教材と同じ内容です。定価はカバーに表示してあります。
落丁本・乱丁本はお取り替えいたします。

Printed in Japan　ISBN978-4-595-31848-1　C1337